Macmillan Modern Lang

Series editor: Robert Clarke

Pasaporte al español 2

Robert Clarke with Derek Utley

Language consultant: Rafael Sala

M
Macmillan Education

Acknowledgements

Thanks are due to the following organisations, who have kindly granted permission for the use of their publicity material and copyright work.

Cambio 16; Motor 16; Lineas Aereas de España – Iberia; Ediciones Tiempo SA; Restaurante con Sole; Editorial Católica SA; Instituto Nacional del Consumo; Spanish National Tourist Office; Real Automovil Club de España; Compañia Metropolitana de Madrid.

Every effort has been made to trace all the copyright holders, but if any have been inadvertently overlooked the publishers will be pleased to make the necessary arrangements at the first opportunity.

Photographs have been provided by the authors.

First published 1986

Published by
MACMILLAN EDUCATION LTD
Houndmills, Basingstoke, Hampshire RG21 2XS
and London
Companies and representatives
throughout the world

Printed in Hong Kong

British Library Cataloguing in Publication Data
Clarke, Robert P.
Pasaporte al español—(Macmillan Modern Languages)
2
1. Spanish language—Text-books for foreign
speakers—English
I. Title   II. Utley, Derek   III. Series
468 PC4112
ISBN 0–333–37331–6

Cassette ISBN 0–333–39039–3

Contents

Introduction

To the student

This book, and the cassette which goes with it, aim to help you carry on learning Spanish: to speak it, understand people who speak to you, and to read and write it.

Types of work

There are lots of different activities for you to do in Spanish. Sometimes you will work with your teacher, sometimes with a partner and sometimes by yourself.

Things to learn

Each lesson begins with a list of Frases clave: the key phrases you will need in the particular situations found in the lesson. This list, together with the Resumen and the Vocabulario at the end of the lesson, should be well learned.

Understanding and checking

When you are listening to or reading Spanish, try to concentrate first on the general idea rather than on individual words. If you do get stuck, try the reference vocabulary at the end of the book. If you are writing an exercise or a letter, you may find the grammar at the back of the book useful.

¡Suerte!

To the teacher

Each lesson presents and practises the four skills of speaking, listening, reading and writing but, to allow easy access, they are presented in a similar pattern throughout:

Aims and Frases clave

The Aims normally include one practical situation, one conversational topic and one 'notion' or idea. The Frases clave are phrases that all pupils should know instinctively: a basis from which to start.

Information

This gives some facts about the situation covered in the lesson in Spanish with a brief comprehension check.

Diálogos

These are for understanding, repetition and manipulation. Pupils should learn parts of them by heart, practise them in pairs and make up their own, similar dialogues. All the dialogues are found on the cassette.

Resumen

A schematic presentation of the situation and topic vocabulary.

Actividades

A variety of exercises which seek to practise in a communicative way the language already presented. Cada oveja con su pareja involves pair work in which pupils look at different pages and try to exchange information.

Ejercicios

These are slightly more structured exercises designed to practise particular points, often of a grammatical nature.

4

Listening comprehension Although related to the theme of the lesson, these dialogues often bring in new vocabulary. The tapescript is found at the back of the book, and all recorded material is indicated in the book by a cassette symbol.

Reading comprehension This material is authentic or based on authentic material. The vocabulary at the back of the book should be used, but not over-used.

Gramática The main grammatical points of the lesson are explained briefly with reference to fuller explanations found at the back of the book.

Vocabulario Vocabulary related to the topics of the lesson is here listed more extensively than on the first page of the lesson.

Reference material *Grammar reference* – A brief outline of the grammar found in *Pasaporte al español 1* and *2*.
Reference vocabulary – Most of the Spanish words found in the text which may prove difficult for pupils to understand have been included. Encourage pupils to use this vocabulary only when intelligent guessing and deduction have failed.
Tapescript – The script of all the listening comprehension material is given, arranged in lessons.

Vamos en avión

Aims

1 Travel by air, Metro and bus in Spain

2 Talking about your health and the weather

3 Greeting your friends and expressing opinions

Frases clave

1 En el aeropuerto

¿A qué hora sale el vuelo para Granada? Sale a las diez y media.
At what time does the Granada flight leave? It leaves at half past ten.

¿Salió ya el vuelo para Londres? Sí, acaba de salir.
Has the London flight left yet? Yes, it has just left.

¿Ha llegado el vuelo de Bilbao? No, llegará dentro de quince minutos.
Has the flight from Bilbao arrived? No, it will arrive within fifteen minutes.

2 En el avión

¿Quiere abrocharse el cinturón de seguridad? Desde luego, señorita.
Will you fasten your seatbelt? Of course, miss.

Señorita, ¿quiere traerme una cerveza? En seguida, señor.
Miss, will you bring me a beer? Immediately, sir.

3 En la aduana

¿Tiene usted algo que declarar? No, sólo tengo unos regalos para la familia.
Have you anything to declare? No, I have only got a few presents for the family.

¿Quiere abrir esa maleta, por favor? Claro que sí.
Will you open that case, please? Of course.

4 El Metro

¿Hay una boca de Metro en esta calle? Sí, hay una al final, a unos 300 metros.
Is there a Metro station in this street? Yes, there's one at the end, about 300 metres.

¿Qué hago para llegar a Sevilla? Coja el Metro en Atocha, baje en Sol y coja la línea número dos. Sevilla es la primera parada.
How do I get to Sevilla? Take the Metro in Atocha, get out at Sol and take the number 2 line. Sevilla is the first stop.

5 El autobús

¿Hay un autobús al Zoo? Sí, el número treinta y tres va al Zoo.
Is there a bus to the Zoo? Yes, number 33 goes to the Zoo.

¿Dónde está la parada más cerca? Está al otro lado de la calle, a unos cien metros, y hay un autobús cada veinte minutos.
Where's the nearest bus stop? It's on the other side of the street, about one hundred metres, and there's a bus every twenty minutes.

6 ¿Qué tiempo hacía?

¿Qué tiempo hacía cuando saliste de Inglaterra? Hacía muy mal tiempo; estaba lloviendo y hacía mucho frío.
What was the weather like when you left England? It was very bad; it was raining and was very cold.

¿Qué tiempo os hizo durante tus vacaciones? Hizo un tiempo magnífico; hizo mucho sol y mucho calor. Un día la temperatura subió hasta treinta y cinco grados.
What sort of weather did you have during your holidays? The weather was very good; it was very sunny and very hot. One day the temperature reached thirty-five degrees.

7 ¿Cómo te encuentras?

¿Cómo te encuentras después de tus vacaciones? Muy bien, gracias.
How are you after your holidays? Very well, thank you.

¿Qué tal la familia? Mi madre está bien, pero mi padre tuvo la gripe y todavía está bastante enfermo.
How's the family? My mother's well, but my father had the flu and is still rather ill.

8 ¡Hola! ¿Qué te parece esto?

Este es mi amigo español. Encantado de conocerle.
This is my Spanish friend. Pleased to meet you.

Permite que te presente a mi familia: éste es mi padre, y ésta es mi madre.
Allow me to introduce you to my family. This is my father, and this is my mother.

Mucho gusto en conocerles.
Delighted to know you.

¿Qué te parece mi ciudad? Me parece totalmente encantadora.
What do you think of my town? I think it's quite charming.

Informaciones

Iberia: ayer ...

Hoy en día, Iberia, Líneas Aéreas de España, es la compañía nacionalizada que controla toda la aviación civil en España. Es una compañía moderna, eficiente y segura, pero tiene también una larga tradición en la historia de la aviación civil en España.

La primera vez que empezaron a volar aviones en España fue en 1920. Un aeroplano De Havilland, construido en Inglaterra, voló desde Sevilla hasta Melilla en la costa norte de Africa. Aquello fue toda una aventura, y todos los periódicos del día siguiente hablaron de aquel avión. Los aeroplanos De Havilland eran unos aparatos que no merecían mucha confianza porque sólo tenían un motor que podía fallar en el viaje. La gente no se atrevía a viajar en ellos y tuvieron que pasar varios años antes de que los españoles se decidiesen a tomar un avión para hacer un viaje.

En 1925 un 'Junker-13' voló desde Madrid a Barcelona con cuatro pasajeros a bordo. El billete del trayecto valía entonces ciento veinticinco pesetas. Uno de los pasajeros era una señora de setenta años que dijo que no quería morirse sin haber ido en avión.

En 1927 fue fundada la Compañía 'Iberia' pero en aquellos años la mayoría de los españoles no habían visto un avión y tuvieron que esperar hasta después de la Segunda Guerra Mundial, 1939–45, para poder volar. En 1945 volaron en España cuarenta y tres mil novecientas sesenta personas en aviones que ahora nos parecen un poco cómicos y bastante peligrosos.

... y hoy

Iberia, líneas aéreas de España
... fue fundada en 1927.
... es una sociedad anónima con sede en Madrid, Calle de Velázquez, 130.
... tiene un capital social de 22,500 millones de pesetas.
... es una empresa nacional al servicio de los españoles y de la cooperación internacional.

... está representada con oficinas propias en 156 ciudades de 61 países, en cuatro continentes.
... tiene una flota de 84 aviones, todos ellos reactores.
... está presente con vuelos regulares en 91 aeropuertos distribuidos en 50 países.
... proporciona empleo a 23.723 personas.

Boeing 747 SP

Fabricante *Boeing Company (Seattle, USA)*

Características generales

Tipo *Avión comercial de gran capacidad y de largo alcance*

Velocidad operativa *1.000 Km./h. Mach 0.92*

Velocidad aterrizaje *240 Km./h.*

Alcance máximo *12.700 Km.*

Configuración del pasaje *420 pasajeros (32 en Primera, 372 en clase Turista y 16 asientos piso superior, en un salón para pasajeros Primera)*

Altura máxima de vuelo *13.700 m.*

Autonomía de vuelo *13 horas*

Capacidad de carga distribuida en bodegas, debajo de la cabina de pasaje *25.000 Kg.*

Capacidad de combustible *163.706 Kg.*

Grupo motopropulsor

Tipo de motor *Pratt & Whitney JT9 D-7Q*

Empuje unitario máximo *24.400 Kg.*

No. motores *4*

Dimensiones

Longitud *70.56 m.*

Altura *19.34 m.*

Pesos

Peso máximo de despegue *362.800 Kg.*

Peso máximo de aterrizaje *265.000 Kg.*

Otros datos

Cuenta con diez cocinas en planta principal y una en el piso superior, todas con bar.

El número total de aseos es de 14.

Cuenta con 4 pantallas de proyección de cine.

Capacidad de vuelo automático.

¿Has entendido? Iberia: ayer . . .

¿Verdad o mentira?

1 Iberia es una compañía que se fundó en los últimos veinte años.

2 El primer aeroplano que voló en España era de fabricación inglesa.

3 Ese avión voló desde Sevilla hasta Málaga en la costa norte de Africa.

4 A veces los motores de los aviones solían fallar durante el trayecto.

5 El primer vuelo comercial fue desde Madrid hasta Bilbao.

6 El billete costó 125 pesetas.

7 Una señora de setenta años dijo que no quería morir sin ver un avión.

8 La Compañía 'Iberia' fue fundada en mil novecientos veintisiete.

9 Los vuelos comerciales empezaron en serio después de la Segunda Guerra Mundial.

10 En el año 1945 volaron más de cincuenta mil pasajeros.

. . . y hoy

Write, in English, a brief summary of the important facts given about the Iberia Airline of today.

Boeing 747 SP

Look at the technical details given of the Boeing 747 and answer the following questions in English.

1 What type of aircraft is it?
2 What is the landing speed?
3 What is the maximum range?
4 How many passengers can it carry, and in which classes?
5 How long can it fly for without refuelling?
6 How much luggage can it carry?
7 How much thrust do the engines develop?
8 What are the maximum take-off and landing weights?
9 How many kitchens are there on board?
10 What entertainment facility is available?

Conversaciones

En el aeropuerto

Señor:	– ¿Salió ya el vuelo para Granada?
Empleada:	– No, señor. Tiene usted mucha suerte. Hay un retraso de unos veinte minutos. Si va corriendo a la Puerta 12, creo que lo podrá coger.
Señor:	– ¿Tengo que pasar por el Control de Pasaportes?
Empleada:	– ¿Es usted español?
Señor:	– No, soy mejicano.
Empleada:	– Entonces, sí, usted tiene que pasar por el control. Ahí está, a la derecha. Pero, dése prisa, señor, o va a perder el avión.
Señor:	– Gracias, señorita.

En el Control de Pasaportes

Policía: – Su pasaporte, por favor.

Señor: – Aquí tiene usted. Tengo mucha prisa, ¿sabe? Mi avión va a salir dentro de muy poco.

Policía: – Ya, ya. Usted es mejicano, ¿verdad?

Señor: – Eso es.

Policía: – ¿Cuánto tiempo va usted a estar en España?

Señor: – No lo sé seguro. Unos quince días o así. Estoy aquí en viaje de negocios.

Policía: – Muy bien, señor. Gracias.

Señor: – A usted.

En el avión

Azafata: – ¿Quiere un periódico, señor?

Señor: – No tendría *El Tiempo*, ¿verdad? Es una revista mejicana.

Azafata: – No, señor. Sólo tengo la prensa española e inglesa.

Señor: – Entonces, no, gracias. ¿Sabe usted qué tiempo hace ahora en Granada?

Azafata: – Pues, cuando salimos esta mañana, hacía un tiempo magnífico. Hacía mucho sol y mucho calor, pero siempre hace buen tiempo en Granada durante el verano. Usted no es de aquí, ¿verdad?

Señor: – No, soy de Méjico.

Azafata: – Eso pensaba yo. Por el acento, ¿sabe?

Señor: – Claro.

En la aduana

Aduanero: – Buenos días. ¿Tiene algo que declarar?

Señora: – No. Acabo de volver de Londres, pero no compré nada.

Aduanero: – ¿Quiere abrir esa maleta?

Señora: – ¿Esta? Claro, pero ya le digo que no compré nada en Inglaterra.

Aduanero: – Vamos a ver. ¿Y ese frasco de perfume? ¿Es español?

Señora: – Pues, no, es francés, pero es mío. Lo compré aquí en España.

Aduanero: – Entonces, ¿por qué lleva el nombre de unos almacenes londinenses en la etiqueta?

Señora: – ¿Qué? ¡Caray! Creí que la había quitado.

Aduanero: – Lo siento, señora, pero es un frasco muy grande, y tendrá usted que pagar dos mil pesetas de impuesto.

Señora: – Bueno, si no tengo más remedio, aquí tiene usted. Dos mil pesetas.

OBJETOS PARA DECLARAR
GOODS TO DECLARE
MARCHANDISE A DECLARER ↓

El Metro: en la calle

Señorita: – Perdón, señor. ¿Puedo llegar hasta el Aeropuerto de Barajas en el Metro?

Señor: – No, señorita. El Metro no llega hasta el aeropuerto. Tiene usted que coger un taxi o el autobús.

Señorita: – ¿Qué autobús?

Señor: – Mire. Coja usted el Metro ahí enfrente y vaya hasta Colón. Creo que es la tercera parada. En Colón puede usted coger un autobús especial que va directamente hasta el aeropuerto.

Señorita: – Muchas gracias, señor.

Señor: – De nada, señorita.

En el Metro

Chico: – ¿Pasa este tren por la estación de Goya?

Chica: – No. Este va a la Plaza de Castilla.

Chico: – ¿Qué hago para llegar a Goya, entonces?

Chica: – Baja en Sol, la próxima parada, y toma la línea número dos, dirección Ventas. Creo que Goya es la quinta o la sexta parada.

Chico: – Gracias.

Chica: – De nada.

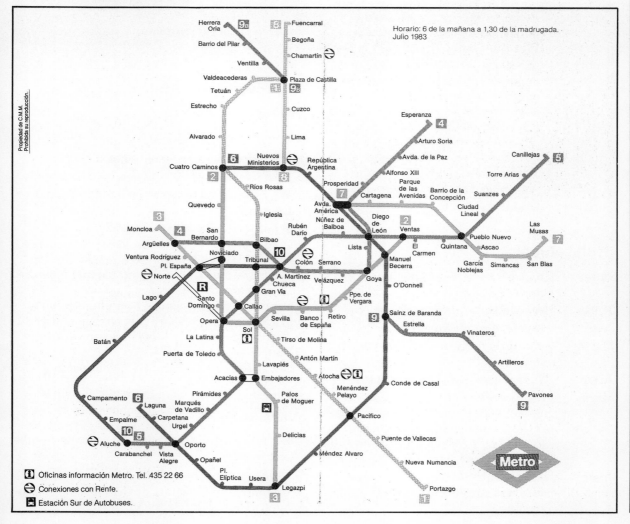

Horario: 6 de la mañana a 1,30 de la madrugada.
Julio 1983

Propiedad de C.M.M.
Prohibida su reproducción.

ℹ Oficinas información Metro. Tel. 435 22 66

⇌ Conexiones con Renfe.

🚌 Estación Sur de Autobuses.

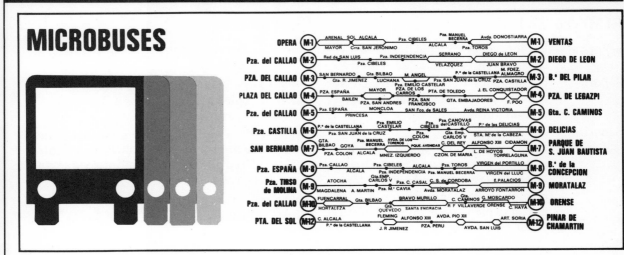

El autobús: en la calle

Turista: – Perdón, señorita, ¿qué autobús tengo que coger para llegar a la Plaza del Callao?

Señorita: – ¿La Plaza del Callao, señor? Lo mejor que puede hacer es coger el microbus número tres, que sale de ahí enfrente, y que va directamente a la Plaza del Callao. Los microbuses son mucho más rápidos que los autobuses normales, ¿sabe? Y tiene usted suerte porque ahí viene uno. Corra, o lo va a perder.

Turista: – Gracias, señorita.

¡Hola, chico!

Juan: – ¡Hola, María! ¡Cuánto tiempo sin verte!

María: – He estado fuera de vacaciones.

Juan: – ¿Ah, sí? ¿Adónde fuiste?

María: – Fui a Málaga con unas amigas del colegio.

Juan: – ¿Qué tal lo pasaste ahí en Málaga?

María: – Muy bien. Hizo un tiempo magnífico. Nos bañamos todos los días y, por las tardes, fuimos a bailar a una discoteca estupenda. ¿Y tú? ¿Qué hiciste durante las vacaciones?

Juan: – Nada. Me quedé en casa. Ya que mi padre está parado, no hay dinero para vacaciones.

María: – ¡Cuánto lo siento! Vamos; te invito a una cerveza. ¿Quieres?

Juan: – Con mucho gusto.

Did you understand?

En el aeropuerto

Answer the following questions in English.

1 What does the man want to know?
2 How is he lucky?
3 Why does he have to go through the Passport Control?
4 Where is the Passport Control?

En el Control de Pasaportes

Rewrite the dialogue with your partner to fit the following facts:
You are in a hurry because your plane is due to leave in 10 minutes. You are French and intend to spend a month on holiday in Spain with your friend.
Practise the new dialogue with your partner.

En el avión
¿Verdad o mentira?

1 El señor no quiere un periódico porque no sabe leer español.
2 Quiere saber la hora de llegada a Granada.
3 Cuando salió la azafata de Granada hacía muy buen tiempo.

4 Suele hacer buen tiempo en Granada todo el año.

5 La azafata sabe que el señor es mejicano porque tiene un pasaporte mejicano.

En la aduana

Contesta a las preguntas en español.

1 ¿De dónde acaba de volver la señora, y qué compró allí?

2 ¿Qué descubrió el aduanero en su equipaje?

3 ¿Cómo supo el aduanero que la señora no decía la verdad?

4 ¿Por qué tuvo que pagar un impuesto?

5 ¿Cuánto tuvo que pagar?

El Metro: en la calle

Practise the dialogue with your partner until you can act it out without looking at the book.

En el Metro

Look at the Metro map. You are in Sol. Using the 'tú' form of the Imperative as in the dialogue, take it in turns to give instructions to your partner to reach the following destinations:

a) Cuatro Caminos
b) Diego de León
c) Oporto
d) Pavones.

¡Hola, chico!

Rewrite the dialogue with your partner to fit the following facts:

You went to France with your family, the weather was poor and you got rather bored. Your partner stayed at home because his (or her) mother was ill.

Practise the new dialogue with your partner.

Resumen

De viaje

¿Hay un	vuelo para	Madrid	hoy?
¿Salió ya el		Buenos Aires	
¿Es éste el	de	Londres	
¿De qué puerta sale el		Barcelona	
¿Hay retraso en el		Caracas	
¿Ha llegado el		París	

¿Quiere	abrocharse el cinturón de seguridad?
	decirme qué tiempo hace ahora en Montevideo?
	decirme cuando vamos a llegar a Bilbao?
	traerme un vaso de agua y unas aspirinas?

Esta mañana en Valencia	hacía	muy buen tiempo.
		muy mal tiempo.
		mucho calor.
		mucho frío.
		mucho sol.
		mucho viento.

había niebla.
estaba lloviendo.
estaba nevando.

¿Tiene usted algo que declarar?	No, no tengo nada.
	Sólo tengo unos recuerdos de España.
	Tengo seis botellas de vino y un frasco de perfume.
¿Hay una boca de Metro cerca de aquí?	Sí, hay una a unos doscientos metros.
	No, la más cerca está en la Puerta del Sol.
¿Qué hago para llegar a Atocha?	Coja la línea número uno, dirección Portazgo y baje en la tercera estación.
¿Va este autobús al centro de la ciudad?	No, el número cinco va al centro.
¿Qué número de autobús va a la Gran Vía?	El número cuarenta y seis va allí.

¿Cómo te encuentras?

¿Cómo estás?	Estoy muy bien, gracias.
¿Cómo está usted?	Estoy bastante bien.
	Estoy algo enfermo.
	Estoy bastante aburrido.
	Estoy harto.
¿No estabas enfermo?	Sí, estaba enfermo, pero ahora estoy bien.
¿No estaba usted enfermo?	Sí, tenía la gripe, pero ahora me encuentro bien.

¿Qué te parece?

¿Qué te parece la ciudad?	Me parece muy bonita.
le	Me parece bastante interesante.
	Me parece estupenda.
¿Qué te pareció la película?	Me pareció muy interesante.
le	Me pareció algo aburrida.
	Me pareció bastante larga.

Actividades

Cada oveja con su pareja
(Primera parte)

En el aeropuerto

Haz preguntas a tu compañero hasta tener completo este horario de salidas.

SALIDAS INTERNACIONALES				
CIA.	VUELO	DESTINO	SALIDA	PUERTA
IB	596		15.10	2
BA	650	LONDRES	16.05	15
SR	341	ROMA	16.40	9
IB	247	LISBOA		23
IB	808	ZURICH	18.05	11
BA	532		18.20	
AY	884	TANGER		25

Preguntas útiles
¿Adónde va el vuelo número . . .?
¿A qué hora sale el vuelo para . . .?
¿De qué puerta sale el vuelo para . . .?
¿Salió ya el vuelo para . . .?

Cada oveja con su pareja
(Segunda parte)

¿Qué tiempo hacía ayer?

Descubre qué tiempo hacía ayer en las distintas ciudades y regiones de España. Tu compañero contestará a tus preguntas.

Preguntas útiles
¿Hacía sol en . . .?
¿Dónde estaba lloviendo?
¿Qué tiempo hacía en . . .?
¿Estaba nevando en . . .?
Descubre qué tiempo hacía en Málaga, Bilbao, Badajoz y la Sierra Nevada.

¿Qué opinas tú?

¿Cuál es tu opinión de las cosas siguientes?

1 La ciudad o el pueblo donde vives.
2 Las asignaturas que estudias en el colegio.
3 La comida que sirven en el colegio.
4 Las facilidades para jóvenes en la ciudad o el pueblo donde vives.
5 El uniforme de tu colegio.

Ahora te toca a ti

Work with your partner on the following role-plays. One of you is **A** and the other **B**.

1 En el aeropuerto

A: Find out if there is a flight for Valencia today.
B: Sí, hay un vuelo para Valencia.

A: Ask what time it leaves.
B: Sale a las once y media.

A: Find out what time it arrives in Valencia.
B: Llega a la una y cuarto.

A: Ask if there are any tickets left for the flight.
B: No lo sé. Tendrá que preguntarlo en aquella taquilla.

2 En la calle

A: Find out if there is a Metro station nearby.
B: Sí, hay una boca de Metro a unos doscientos metros.

A: Ask what you must do to get to the Nuevos Ministerios Station.
B: Tome la línea número dos, dirección Cuatro Caminos y baje en Cuatro Caminos. Luego coja la línea número 0, dirección Sainz de Baranda y baje en la primera parada.

A: Thank your partner and ask if it is far.
B: No, no está muy lejos. Sólo veinte minutos en el Metro.

3 El autobús

A: Ask which number bus goes to the Zoo.
B: Lo siento, pero no soy de aquí.

A: Ask who might know.
B: A lo mejor aquel guardia sabe qué número usted tiene que coger.

Cada oveja con su pareja
(Primera parte)

En el aeropuerto

Haz preguntas a tu compañero
hasta tener completo este
horario de salidas.

CIA.	VUELO	DESTINO	SALIDA	PUERTA
\
multicolumn **SALIDAS INTERNACIONALES** |||||
IB	596	PARIS	15.10	
BA	650		16.05	15
SR	341	ROMA		9
IB	247	LISBOA	17.00	
IB	808	ZURICH	18.05	11
BA	532	FRANKFURT	18.20	30
AY	884		18.45	25

Preguntas útiles
¿Adónde va el vuelo número . . .?
¿A qué hora sale el vuelo para . . .?
¿De qué puerta sale el vuelo para . . .?
¿Salió ya el vuelo para . . .?

Cada oveja con su pareja
(Segunda parte)

¡Qué tiempo hacía ayer?

Descubre qué tiempo hacía ayer en las distintas
ciudades y regiones de España. Tu compañero
contestará a tus preguntas.

Preguntas útiles
¿Hacía sol en . . .?
¿Estaba lloviendo en . . .?
¿Qué tiempo hacía en . . .?
¿Estaba nevando en . . .?
Descubre qué tiempo hacía en Madrid, Valencia,
Vigo y los Pirineos.

Ejercicios

Ejercicio número uno

¿Cómo eres tú?

Escoge la frase de la segunda lista que conteste mejor a la
pregunta de la primera lista. Escribe tus respuestas.

1 Yo tengo el pelo largo y rubio.
   ¿Cómo es el tuyo?

2 Yo tengo los ojos azules.
   ¿Cómo son los tuyos?

3 Yo tengo los dientes blancos e iguales.
   ¿Cómo son los tuyos?

4 Yo tengo los pies grandes.
   ¿Cómo son los tuyos?

Los míos son blancos pero algo
desiguales.

Los míos son pequeños.

La mía es grande.

La mía es también pequeña.

5 Yo tengo las manos pequeñas y finas.   El mío es corto y gris.
  ¿Cómo son las tuyas?

6 Yo tengo la boca pequeña.   Los míos son también fuertes y
  ¿Cómo es la tuya?   musculosos.

7 Yo tengo las piernas largas.   Las mías son grandes y fuertes.
  ¿Cómo son las tuyas?

8 Yo tengo la nariz pequeña.   Los míos son verdes.
  ¿Cómo es la tuya?

9 Yo tengo los brazos muy fuertes.   Desgraciadamente, las mías son grandes
  ¿Cómo son los tuyos?   y prominentes.

10 Yo tengo las orejas pequeñas.   Las mías son cortas, pero bonitas.
  ¿Cómo son las tuyas?

Ahora, repite el ejercicio, pero esta vez hay que decir la verdad.

Ejercicio número dos

¿Qué tiempo hacía?

Ejemplo: ¿Qué tiempo hacía cuando saliste de
casa esta mañana?
Cuando salí de casa, estaba lloviendo.

1 ¿ Qué tiempo hacía cuando te despertaste esta
  mañana?

2 ¿Estaba lloviendo cuando llegaste al colegio?

3 ¿Qué tiempo hacía cuando saliste del colegio
  ayer por la tarde?

4 ¿Había niebla esta mañana cuando saliste de
  casa?

5 ¿Qué tiempo hacía cuando llegaste a casa ayer
  por la tarde?

Ejercicio número tres

¿Está cerca o lejos?

Ejemplo: ¿A qué distancia de tu casa está tu
colegio?
Está a unos tres kilómetros.

1 ¿ A qué distancia de tu colegio está tu casa?

2 ¿A qué distancia de Londres está tu ciudad?

3 ¿A qué distancia de tu casa está el centro de la
  ciudad?

4 ¿A qué distancia de tu casa está tu discoteca
  favorita?

5 ¿A qué distancia de la costa está tu ciudad?

Ejercicio número cuatro

¿Dónde estabas y, qué estabas haciendo?

Ejemplo: ¿Dónde estabas ayer a las tres de la
tarde?
Estaba en la clase de geografía.
Y, ¿qué estabas haciendo?
Estaba dibujando un mapa.

1 ¿Dónde estabas el domingo pasado a las diez de
  la mañana? ¿Qué estabas haciendo allí?

2 ¿Y el sábado pasado a las ocho de la tarde?
  ¿Qué estabas haciendo allí?

3 ¿Y ayer a las once de la mañana? ¿Qué estabas
  haciendo allí?

4 ¿Y esta mañana a las ocho? ¿Qué estabas
  haciendo allí?

5 ¿ Y el jueves pasado a las dos de la tarde? ¿Qué
  estabas haciendo allí?

Ejercicio de comprensión

¿Comprendes bien el español hablado?

En el aeropuerto
Escucha bien cada uno de los anuncios siguientes y luego escribe, en inglés, la información básica que hay en cada anuncio.

¡Hola!
Escucha bien cada una de las conversaciones siguientes y luego contesta, en inglés, a las preguntas.

A

1 Why has Juan not seen Paca for some time?
2 Where has she been, and with whom?
3 How did they travel?
4 What three things spoiled the journey for Paca?
5 Where did she go and why was the trip a disappointment?
6 Why is she pleased to be home again?

B

1 Where did Pedro go for his holidays?
2 What strange event occurred on the journey?
3 What do you call an 'OVNI' in English?
4 Where are OVNIs seen frequently in Spain?
5 When did the OVNI appear and what was it like?
6 How does María explain what Pedro saw?
7 Why does Pedro reject the explanation?
8 Who saw the OVNI?
9 How did they react?
10 What happened to the OVNI finally?

Números

Add up the numbers and write the answer in Spanish. (One letter is given to help you).

5 y 3 = c	5 y 2 = t
3 y 3 = i	5 y 4 = u
70 y 30 = n	6 y 5 = e
1 y 2 = r	6 y 6 = d
3 y 7 = z	6 y 7 = r
4 y 1 = o	

Todas las palabras empiezan con P

Animal
Comida
Fruta
Ciudad francesa
Montañas del norte de España
Lo tienes en la cabeza
Ropa
Te enseña
País de América Central
La ves en el cine

Just the opposite

Grande = pequeño	Caliente =
Barato =	Rico =
Largo =	Mejor =
Alto =	Difícil =
Interesante =	Gordo =
Joven =	

Lectura

Por los cielos de España: ayer . . .

Lee con cuidado este artículo de la prensa española, y luego contesta a las preguntas en inglés.

1 What sort of person would go to this museum?
2 What is important about the plane 'Vilanova-Acedo'?
3 What great flight did the pilots Jiménez and Iglesias make in 1926?
4 How did the pilots Barberán and Collar become famous?
5 What happened to these two men?
6 How many planes are there in the museum?
7 What type of plane is the Cierva C19?
8 What are the opening hours of the museum?
9 Where is it?
10 How do you get there?

Un viejo «hidro» perteneciente al Servicio Aéreo de Rescate, reposa frente al museo tras miles de horas de vuelo.

El Museo del Aire de Madrid

La gloria de un pasado que voló

¿Es usted aficionado a la Aeronáutica? ¿Conoce ya el Museo del Aire madrileño? Si le gusta la aviación, destine una mañana de su estancia en la capital de España para conocerlo.

Podrá admirar aviones históricos, como el monoplano «Vilanova-Acedo», primer aeroplano fabricado en España en el año 1911. Por los dibujos alegóricos de su fuselaje, reconocerá la ruta seguida por el Breguet XIX «Jesús del Gran Poder», que pilotado por los capitanes Jiménez e Iglesias, protagonizó en 1926, uno de los grandes «raids» de la aviación española: atravesar el Atlántico Sur, desde Sevilla hasta Bahía (Brasil), para contornear después el continente iberoamericano y llegar a La Habana.

Y cómo no emocionarse ante la carta de vuelo manuscrita —e incidentalmente dejada en La Habana— por los pilotos Barberán y Collar, que a bordo del Breguet XIX «Cuatro Vientos», intentaban abrir una nueva ruta entre España y Méjico. Nunca llegaron a su destino porque desaparecieron misteriosamente en el Mar de los Sargazos, más conocido ahora como el Triángulo de las Bermudas.

Cuarenta aeronaves que la técnica ha retirado del servicio activo pueden admirarse en este museo, entre ellos el prototipo de autogiro La Cierva C19, testimonio del quehacer del célebre ingeniero e inventor español.

Si le interesa la visita, el Museo del Aire abre sus puertas diariamente, de 10 a 14 horas, excepto lunes. Está en el km. 10,500 de la carretera de Extremadura; si prefiere un transporte público, los autobuses De Blas, con salida de la Plaza del Príncipe Pío (ruta Madrid-Alcorcón) y con parada frente a la Escuela de Transmisiones, le dejan casi en la puerta.■

Greta BACHMAIER

. . . y hoy

Lee con cuidado este artículo de la prensa española, y luego contesta a las preguntas en inglés.

1 Who have studied OVNIs?
2 What was published in 1977?
3 Describe what happened on 3 June 1967.
4 Where precisely did OVNIs appear on 23 February 1971?
5 Describe the events of 24 November 1974.
6 Who exactly saw the OVNIs which landed on 2 January 1975?
7 What noise did the OVNIs make, and what other effect was observed?
8 How did they disappear and in which direction?
9 Were other sightings of the OVNIs reported that day?

OVNIS SOBRE ESPAÑA

Abundantes testimonios de avistamientos en nuestro país describen a los ovnis en todas las formas y tamaños.

Las Fuerzas Aéreas de los diferentes países han ido creando, a partir de la II Guerra Mundial, comisiones especiales encargadas de estudiar el fenómeno de los objetos volantes no identificados. En 1977, una parte de esta documentación referida al espacio aéreo español, fue publicada por el periodista J. J. Benítez, especialista en estos temas, bajo el título OVNIS: Documentos oficiales del Gobierno español. Estas son sus revelaciones más interesantes:

* 3 de junio de 1967. Conversación sostenida entre varios pilotos de combate españoles y la estación central de radar de Madrid, cuando trataban de acercarse a un objeto sin identificar. La operación duró 1 hora y 17 minutos. El objeto llegó a ser filmado pero la película nunca se hizo pública.

* 25 de febrero de 1969. Informe del avistamiento de un objeto no identificado junto al avión Palma-Madrid. Incluye las declaraciones de los dos pilotos que, cuando volaban a 26.000 pies, observaron una luz extraña a su misma altura. Control de Barcelona, a preguntas del avión, respondió que no había tráfico aéreo alguno en esa ruta.

* 26 de septiembre de 1969. Declaración del oficial de servicio relativa a la aparición de un objeto luminoso sin identificar en el cielo de la provincia de Gerona: se desplazaba en dirección sureste, a unos 30.000 pies de altura. Diez minutos después (todo ocurrió a primera hora de la tarde), otro objeto similar fue visto en dirección norte a la misma altura. El informe alude también a numerosas llamadas telefónicas de «diversos lugares de la provincia en los que se había avistado el mismo objeto».

* 23 de febrero de 1971. Informe relativo a un extraño fenómeno sobre Cataluña, Aragón y Guipúzcoa. El mismo día, un objeto volador fue avistado por pilotos de Iberia de las líneas Barcelona-Madrid y Murcia-Madrid hacia las seis de la tarde. «Parecía una estela de avión que bajaba en picado y lanzaba llamaradas intermitentes», informó uno de ellos. Control dice que no hay tráfico en la zona. Una hora después, el vuelo de Aviaco Mahón-Barcelona observa un objeto similar. El radar militar de Rosas (Gerona) lo detecta sobrevolando la zona de Huesca. Entre las 19,30 y las ocho de la tarde, la estela se dejó ver sobre Zaragoza.

* 26 de septiembre de 1973. Una estrella, avistada a cuatro millas de un Mirage III-DE de nuestro Ejército del Aire. El informe incluye las declaraciones de dos capitanes de aviación. En el radar de Manises sólo se apreció «un parásito en la pantalla que de pronto se alejó hacia la costa».

* 24 de noviembre de 1974. Los pilotos del vuelo de Iberia Santa Cruz-Las Palmas observan una potentísima luz que se desplaza hacia ellos. La observación, no captada por el control de tierra, duró más de un minuto. Luego la luz se alejó con destellos y cadencias «nunca vistos en mis veinte años como piloto», según el informante. A la misma hora, un teniente coronel de Aviación vio al norte de Gran Canaria un punto blanquecino que dejaba tras de sí una estela luminosa.

* 2 de enero de 1975. Aterrizaje de un objeto sin identificar en el polígono de tiro de las Bárdenas Reales de Navarra. Un sargento y cinco soldados que estaban de guardia en la torre principal observaron dos objetos sobre el campo. No hacían ningún ruido y durante su desplazamiento un foco de gran potencia iluminaba el terreno. Ambos objetos desaparecieron a gran velocidad hacia el noroeste. Ese mismo día, numerosos testigos no militares denunciaron fenómenos similares en la zona.

Gramática

1 Saying you own something: mine and yours   *See page 143*

You use the two Possessive Pronouns, *mío* and *tuyo*, and these agree with the thing owned and not with you personally.

¿Ese libro? No es mío, es tuyo, ¿no?
That book? It's not mine, it's yours, isn't it?

¿Esa novela? ¿Es tuya? Sí, es mía.
That novel? Is it yours? Yes, it's mine.

¿De quién son esos zapatos? ¿Son tuyos? No, no son míos.
Whose are those shoes? Are they yours? No, they're not mine.

¿Son tuyas esas sandalias? Sí, son mías.
Are those sandals yours? Yes, they're mine.

With verbs other than *ser*, you put *el, la, los or las* before the pronoun as needed.

¿Dónde está tu coche? El mío está ahí, cerca de la salida.
Where's your car? Mine is over there, near the exit.

¿Han llegado tus padres? No, los míos van a llegar más tarde.
Have your parents arrived? No, mine are going to arrive later.

2 Saying what the weather was like
see page 145

If you want to say what the weather was like when something else happened, you use the Imperfect Tense.

Cuando salí de casa esta mañana
hacía sol. . . . *it was sunny.*
hacía calor. . . . *it was hot.*
hacía buen tiempo. . . . *the weather was fine.*
hacía mal tiempo. . . . *the weather was bad.*
hacía bastante frío. . . . *it was rather cold.*
hacía mucho viento. . . . *it was very windy.*
estaba lloviendo. . . . *it was raining.*
estaba nevando. . . . *it was snowing.*
había niebla. . . . *it was foggy.*

If you want to say what the weather was like during a particular period of time, for example, your holidays, you use the Preterite Tense.

Durante mis vacaciones en España
hizo mucho sol. . . . *it was very sunny.*
llovió bastante. . . . *it rained quite a lot.*

3 Saying where a place is

If the place is near, use *cerca* and if it is far away, use *lejos*.
Está muy cerca.   *It's very near.*
Está bastante lejos.   *It's some way away.*
If you wish to say that one place is near to or far from another use *cerca de* or *lejos de*.
La discoteca está cerca del Cine Sol.
The disco is near the Sun Cinema.
La parada está lejos de aquí.
The bus-stop is far away from here.
If you wish to indicate the distance to the place, use *está a* plus the number of metres or kilometres.
El Metro está a unos doscientos metros.
The Metro is about 200 metres away.
Toledo está a veinte kilómetros.
Toledo is 20 kilometres away.

Vocabulario

(m) = masculine
(m.pl.) = masculine plural
(f) = feminine (f. pl.) = feminine plural
volar (ue) = radical-changing verb: *o* changes to *ue*

aduana (f) *Customs*	parado *unemployed*
aduanero (m) *Customs officer*	pasajero (m) *passenger*
altura (f) *height*	peso (m) *weight*
avión (m) *plane*	prensa (f) *press, newspapers*
empresa (f) *business, firm*	recuerdo (m) *souvenir*
equipaje (m) *luggage*	retraso (m) *delay*
etiqueta (f) *label, ticket*	seguro *safe, sure*
fallar *to fail, break down*	trayecto (m) *journey, trip*
frasco (m) *small bottle*	volar (ue) *to fly*
harto: estar . . . *to be fed up*	vuelo (m) *flight*

En el camping

Aims

1 Staying on a campsite in Spain

2 Talking about the geography of an area

3 Making comparisons about prices and facilities

Frases clave

1 En el camping

¿Dónde está el camping 'El Rosal'? Está a dos kilómetros.
Where's the Rosal campsite? It's two kilometres away.

¿Hay sitio en el camping? ¿Para cuántas personas?
Is there any room on the campsite? For how many people?

Somos cuatro; tengo una tienda y un coche.
There are four of us; I've got a tent and a car.

¿Para cuántas noches? Para siete, hasta el fin de semana.
For how many nights? For seven, until the weekend.

¿Cuánto vale por noche? Vale cien pesetas por cabeza, doscientas pesetas la tienda y doscientas el coche.

How much is it per night? It costs 100 pesetas a head, 200 pesetas for the tent and 200 for the car.

¿Dónde están los servicios? Ahí están, al lado de los árboles.
Where are the toilets? There they are, next to the trees.

¿Dónde puedo poner la tienda? Donde usted quiera.
Where can I put the tent? Wherever you want.

¿Puedo aparcar mi coche cerca de mi tienda? Claro; no hay problema.
Can I park my car near my tent? Of course, that's no problem.

¿Tiene el camping una tienda? Sí, tenemos un supermercado muy bueno.
Does the campsite have a shop? Yes, we have a very good supermarket.

2 Por tierras de España

Usted tiene que ver los Picos de Europa; es una de las regiones más pintorescas de España.
You must see the Peaks of Europe; it's one of the most picturesque regions of Spain.

Yo creo que el Valle de Arán es el sitio más bonito de toda la provincia de Lérida.
I think that the Valley of Aran is the prettiest place in the whole of the province of Lérida.

¿Qué hay de interés en esta región? Yo diría que el Monasterio de Montserrat es el sitio más interesante.
What is there of interest in this area? I would say that the Monastery of Montserrat is the most interesting place.

Vale la pena ir a Santillana; es un pueblo lleno de interés.
It's worth the trouble going to Santillana; it's a village full of interest.

3 Comparaciones

Es más barato hacer camping que ir a un hotel.
It's cheaper to camp than to go to a hotel.

Sí, de acuerdo, pero un hotel es más cómodo.
Yes, I agree, but a hotel is more comfortable.

La cerveza es menos cara que el vino en España.
Beer is less expensive than wine in Spain.

El norte de España es tan interesante como el sur.
The North of Spain is as interesting as the South.

Sí, pero no hace tanto calor en el norte.
Yes, but it's not as hot in the North.

Informaciones

Los campings de España

Entre todos los países de Europa, España es sin duda el mejor de todos para hacer camping. Hace mucho más sol en verano que en Inglaterra, y no hace tanto frío por las noches como en los países del norte de Europa. La comida es menos cara que en Francia y también es más barato comer en los restaurantes y cafeterías que en Francia. Y, sobre todo, la gente española es más amable y simpática que la gente en otros países y siempre recibe bien y trata bien a los turistas. La manera más barata de visitar España es hacer camping y, como se puede ver en el mapa de una parte de la costa norte del país, hay muchos campings sobre todo en la costa. Básicamente hay tres categorías de campings: primera, segunda y tercera, y en esta guía, se pueden ver los servicios que ofrecen.

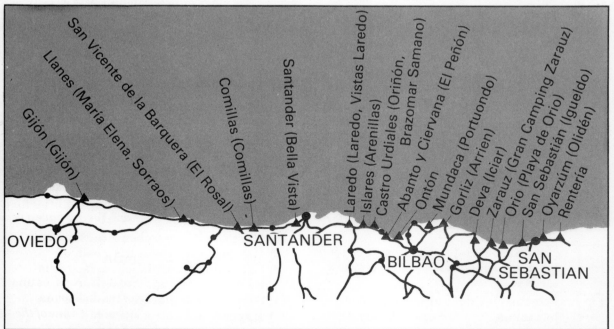

LOS CAMPINGS DE ESPAÑA TIENEN COMO MÍNIMO, LOS SIGUIENTES SERVICIOS:

Campings de 1.ª

Campings de 2.ª

Campings de 3.ª

Para comprender mejor la guía, tienes que saber lo que significan los distintos pictogramas. He aquí los detalles de lo que significa cada pictograma.

Hay sitio en el camping para tiendas de campaña.

Hay luz eléctrica en el camping. Cada día este servicio se hace más importante, porque hay ladrones que entran en los campings por la noche para robar.

Hay servicio de correo, y puedes recibir y mandar cartas y tarjetas postales. También puedes comprar sellos y tarjetas para mandar a tus amigos y tus parientes.

Hay agua potable. Hay los que dicen que no se debe beber el agua en España, pero esto es mentira, y toda el agua en España es tan buena como la de Inglaterra.

¡Qué bien! En este camping hay duchas, y no hay nada mejor que poder ducharse después de pasar un día de mucho calor en la playa.

Naturalmente este símbolo se ve en todos los campings, porque significa que hay servicios.

Este camping tiene un bar, y puedes tomar una cerveza u otro refresco antes de ir a comer.

Este símbolo significa que hay una tienda en el camping donde puedes comprar comida y otras cosas que necesites. Pero, claro, ¡hay que saber cocinar!

Para los que no saben, o no quieren cocinar, este camping tiene un restaurante. Los restaurantes en los campings suelen ser muy buenos y bastante económicos, y muchos tienen vistas al mar o a la montaña.

El sol es importante para pasar unas buenas vacaciones pero en un camping la sombra también es importante, sobre todo para aparcar el coche.

Puedes entrar en este camping con una caravana.

Si tienes un pequeño accidente en la playa, o si no te encuentras bien este símbolo llega a ser importante, porque significa que hay servicio de primeros auxilios y un médico si hace falta.

Los que tienen una furgoneta, buscan un camping con este símbolo.

En este camping hay vistas bonitas al mar o a la montaña.

La playa en este camping está a doscientos metros.

200m

Did you understand?

1 Give four reasons for visiting Spain for your holidays.

2 You are staying on a 2nd class Spanish campsite. The owner asks you to prepare a list of his facilities in English to give to English tourists. What would you write for him?

3 Devise symbols for the following facilities for a Spanish campsite:
   a) No se admiten perros en este camping.
   b) Hay duchas con agua fría y caliente.
   c) Se puede aparcar el coche al lado de la tienda de campaña.
   d) Se pueden alquilar bicicletas en el camping.
   e) Hay castillos y otros sitios de interés histórico cerca del camping.

Conversaciones

En el camping

Señora: – Buenas tardes. ¿Hay sitio en el camping?

Guardián: – Sí, señora. ¿Para cuántas personas?

Señora: – Para cuatro: mi marido, mis dos hijos y yo.

Guardián: – Y, ¿qué tiene usted, una tienda o una caravana?

Señora: – Una tienda y, naturalmente, un coche.

Guardián: – Muy bien. Creo que puede usted encontrar sitio bajo esos árboles.

Señora: – Pero, ¿no es peligroso armar una tienda bajo un árbol?

Guardián: – No, señora, no hay peligro de ninguna clase y, además, es mucho más cómodo con el calor que hace.

Señora: – Bien. ¿Cuánto vale aquí por noche?

Guardián: – Vale cien pesetas por cabeza, más doscientas pesetas la tienda y doscientas el coche.

Señora: – Muy bien.

Guardián: – Ustedes son ingleses, ¿verdad?

Señora: – Eso es. ¿Cómo lo sabe?

Guardián: – Primero por el acento, y luego porque están ustedes muy pálidos.

Señora: – Claro. Es que acabamos de llegar a España.

Guardián: – ¿Quiere pasar por la oficina después de armar la tienda? Hay que rellenar una ficha.

Señora: – Vale. Hasta luego.

Guardián: – Hasta luego, señora.

En la oficina del camping

Guardián: – Gracias, señora. Ya tengo todos los detalles que me hacen falta. Aquí tiene usted su pasaporte. ¿Cuántos días van ustedes a estar aquí?

Señora: – Unos quince días. Todo depende del tiempo. A mi marido y a mis hijos les gusta el sol.

Guardián: – Entonces lo van a pasar muy bien aquí. Hace sol todos los días.

Señora: – Me alegro. ¿Tienen ustedes un restaurante en el camping?

Guardián: – Sí, señora, ahí está al otro lado de la tienda. Es un restaurante muy bueno, con vista al mar y todo. Ahí se come muy bien y barato.

Señora: – ¿A qué hora se sirve la cena?

Guardián: – A partir de las ocho, señora. Ya sabemos que a los ingleses no les gusta cenar tarde.

Señora: – Otra pregunta más, si no molesto. ¿Qué me puede decir de la playa y del mar por esta zona?

Guardián: – La playa está muy limpia, señora, y usted y su familia pueden bañarse con toda seguridad. No hay peligro de corrientes peligrosas ni de rocas ni de nada.

Señora: – Muchas gracias. Creo que vamos a bañarnos antes de cenar. Adiós.

Guardián: – Adiós, señora, y que se diviertan.

Charlando en el bar del camping

Señora: – ¿Conoce usted esta región de España?

Señor: – Sí, señora, es la quinta vez que vengo aquí de vacaciones.

Señora: – Entonces me puede decir qué hay de interés en la región, ¿no?

Señor: – Claro que sí, señora. Vamos a ver; si le interesa el paisaje bonito, puede usted subir a los Picos de Europa que están muy cerca a unos treinta y cinco kilómetros; si le interesan más los pueblos y los monumentos históricos, tiene usted el Monasterio de Covadonga o el pueblo muy famoso de Santillana del Mar y, si quiere ir de compras, las tiendas de Santander o de Bilbao son muy buenas y no están muy lejos de aquí.

Señora: – Gracias, señor. Es usted muy amable.

Señor: – De nada, señora.

Charlando en la playa

Chica: – Tú acabas de llegar al camping, ¿verdad?

Chico: – Eso es. Llegué esta tarde con mis padres. Voy a pasar quince días aquí con mis padres y mi hermana. ¿Qué hay para los jóvenes en este camping?

Chica: – No mucho. Claro que tienes el mar y la playa, pero el pueblo no es muy interesante.

Chico: – ¿No hay discotecas?

Chica: – No, pero el sábado por la tarde hay un baile al aire libre en la plaza. Fui el sábado pasado y, créeme que fue de risa. Sólo pusieron discos de los más anticuados; hubo valses y pasodobles, pero nada en absoluto de 'rock and roll'.

Chico: – ¡Qué aburrido! Ya veo que no lo voy a pasar muy bien aquí. A mis padres les gusta tomar el sol, bañarse de vez en cuando y visitar monumentos antiguos

Chica: – Y a ti te gusta conocer a gente joven, salir a divertirte y pasarlo bien, ¿verdad?

Chico: – Claro.

Chica: – Pues voy a ir a Santander mañana con unos amigos. Vamos a tomar el sol, jugar al voleibol en la playa y, por la tarde, iremos a una discoteca estupenda que hay en Santander. ¿Quieres venir?

Chico: – ¡Con mucho gusto! ¿Puedo traer a mi hermana?

Chica: – Claro que sí. Nos veremos sobre las diez de la mañana en el bar del camping. ¿Vale?

Chico: – Vale. Hasta mañana, entonces.

Chica: – Hasta mañana.

¿Has entendido?

En el camping

¿Quieres contestar a las preguntas siguientes?

1 ¿Cuántos hay en la familia que llega al camping?
2 ¿Qué tienen?
3 ¿Qué cree la señora?
4 ¿Cuánto vale en total para esta familia pasar una noche en el camping?
5 ¿Cómo sabe el guardián que los turistas no son españoles?

Now rewrite the dialogue to fit your own family and the following facts:
You arrive at the campsite with a car and a caravan, do not wish to park your caravan under trees and discover that the site is rather more expensive than the one in the dialogue.
Practise the new dialogue with your partner.

En la oficina del camping
¿Verdad o mentira?

1 El guardián toma los detalles del carnet de camping de la señora.
2 Si hace buen tiempo, la familia pasará dos semanas en el camping.

3 El restaurante del camping es muy bueno pero bastante caro.
4 La cena se sirve a las nueve.
5 La playa cerca del camping está cerrada porque está contaminada.

Now rewrite and correct the ones you have marked as 'Mentira'.

Charlando en el bar del camping

Answer the following questions in English.

1 Why does the man know the region well?
2 List the attractions of the region.
3 Where can the lady go shopping?

Charlando en la playa

Answer the following questions in English.

1 When did the boy arrive?
2 What does he ask the girl?
3 What facilities for young people are there?
4 What was odd about the dance in the village?
5 What do the boy's parents like doing?
6 What does the girl suggest that the boy likes doing?
7 What is she going to do with her friends?
8 When and where will the boy and girl meet?

Resumen

En el camping

¿Dónde	se encuentra	el camping 'El Rosal'?	A tres kilómetros.
	está	el supermercado?	Ahí, cerca de la entrada.
		la tienda?	Al lado del restaurante.
		la playa?	A unos cien metros.
		el bar?	Delante del supermercado.
		el restaurante?	Detrás de aquellos árboles.
	están	los servicios?	Detrás del supermercado.
		los cubos de la basura?	Enfrente de los servicios.
		las duchas?	Muy cerca de la playa.

¿Para cuántas noches?	Para una.
	Para cuatro.
	Para seis.
	Para ocho.
	Para quince.

Somos	cuatro; tengo una tienda y un coche.
	seis; tengo una caravana y un coche.
	cinco; tengo una tienda, un remolque y un coche.

¿Puedo armar la tienda	aquí?
	más cerca de la playa?
	al lado del restaurante?
	bajo esos árboles?

¿A qué hora	llega	el pan?
		la leche?
		el correo?
	se sirve	la comida?
		la cena?
	se abre	el bar?
		la tienda?
		el supermercado?

Por tierras de España

Usted tiene que ver	los Picos de Europa.
Tienes que visitar	la Catedral de la Sagrada Familia.
Usted debe ir a ver	los molinos de Campo de Criptana.
Hay que visitar	el castillo de Peñafiel.
¿Quiere usted visitar	el Museo del Prado?
¿Quieres ver	el Alcázar de Segovia?
¿Te gustaría visitar	la ciudad más histórica de la región?

Es el	sitio		más	pintoresco de toda la región.
	lugar			histórico de todo el país.
	museo			interesante de toda la ciudad.
Es la	catedral			antigua de toda España.

Comparaciones

El español es	más útil que el inglés.
	menos útil que el inglés.
	tan útil como el inglés.

El clima español es	mejor que el inglés.
	peor que el inglés.
	tan bueno como el inglés.

| No hace | tanto calor en Inglaterra como en España. |

Los españoles no leen tanto como los ingleses.

Avila es la ciudad más fría de España.

La fruta es la comida menos cara de España.

Actividades

Cada oveja con su pareja
(Primera parte)

El camping

Descubre las facilidades que existen en el camping Bella Vista de Santander. Tu compañero contestará a tus preguntas.

¿Puedo entrar con una caravana?

¿Hay duchas en el camping?

¿Está cerca la playa?

¿Está el camping en paisaje pintoresco?

¿Puedo comer en el camping?

Si me siento enfermo, ¿qué puedo hacer?

¿Puedo hacer la compra en el camping?

¿Tiene el camping un bar?

Cada oveja con su pareja
(Segunda parte)

Las vacaciones

El año pasado pasaste unas vacaciones muy interesantes. Tu compañero quiere saber adónde fuiste, qué hiciste y cuánto te costaron las vacaciones. Lee el pequeño artículo siguiente, y luego contesta a sus preguntas.

¿Adónde fuiste exactamente?

¿Dónde está esa ciudad?

¿Qué hiciste allí?

¿Cuánto tiempo estuviste allí?

¿Cuánto te costaron las vacaciones?

¿De dónde sacaste los informes?

¿Te gustaron las vacaciones?

Jávea bajo el mar

La bella localidad costera alicantina de Jávea es escenario este verano de cursos de submarinismo, que se inician el día 1 de julio y se prolongarán en periodos de quince días. Las inmersiones se extenderán también a Denia, Moraira y Cabo Negro, entre otros bellos parajes de la zona.

El precio es de 22.500 pesetas. Y los interesados pueden informarse en Exploración y Deporte, teléfono 766 29 15; de Madrid.

Ahora te toca a ti

Work out the following role-plays with your partner, taking it in turns to be the tourist and the campsite manager.

1

You arrive at a campsite in Spain and greet the manager. You ask if there is room on the site, explain that there are four people in your group and you have a tent and a car. You wish to know the total cost per night and whether the campsite has a restaurant.

2

You arrive at a campsite in Spain and greet the manager. You ask if there is room on the site, explain that there are six people in your group and you have a caravan towed by a car. You also wish to know how far away the beach is and what facilities there are for children on the site.

3

You arrive at a campsite in Spain and are handed the following list of rules. Explain to your parents, who do not speak Spanish, what the rules are. The campsite manager realises you are English and speak Spanish and asks you to write an English version of the rules which he can give to English tourists. Work out with your partner what you would write for him.

CAMPING OSUNA

1.ª

RUTA N.º II
MADRID - BARCELONA. Km. 8
(Autopista Aeropuerto Barajas)
Teléfs. 205 05 10 y 205 21 57

N.º 244

ATENCION

La jornada turística termina a las 12 horas.

Si marcha antes de las 8h., pague la noche anterior.

Para estancias de más de una semana, los pagos se harán por semanas (es decir los sábados).

Las conferencias son de 10 h. de la mañana a 13 h. y de 17 h. a 22 h.

Conserve este control en lugar visible de su coche, es imprescindible para la entrada al camping, sin él NO se puede pasar.

Preséntelo a la hora de pagar.

Velocidad máxima 5 km/h.

NO FUEGO

Los perros no pueden estar sueltos.

No tire aguas sucias en las plantas ni en el suelo.

Hora de silencio las 23 h.

Horario de Oficina, mañana de 8 a 14 h. tarde de 16 a 22 h.

GRACIAS

Cada oveja con su pareja
(Primera parte)

El camping

Descubre las facilidades que existen en el camping Aguadulce de Roqueta de Mar. Tu compañero contestará a tus preguntas.

¿Puedo entrar con una furgoneta?

¿Hay árboles para dar sombra?

¿Tiene el camping luz eléctrica?

¿Puedo ducharme después de bañarme?

¿Se admiten los perros en el camping?

¿Hay vistas bonitas al mar?

¿Tiene el camping un bar?

¿Tengo que salir del camping para comer?

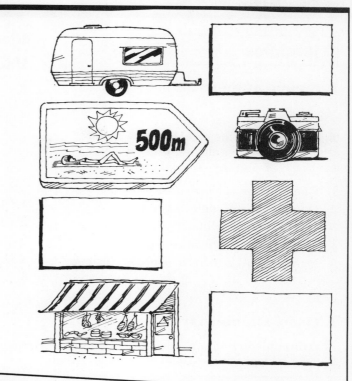

Cada oveja con su pareja
(Segunda parte)

Las vacaciones

El año pasado pasaste unas vacaciones muy interesantes. Tu compañero quiere saber adónde fuiste, qué hiciste y cuánto te costaron las vacaciones. Lee el pequeño artículo siguiente, y luego contesta a sus preguntas.

¿Adónde fuiste exactamente?

¿Dónde está esa ciudad?

¿Qué hiciste allí?

¿Cuánto tiempo estuviste allí?

¿Cuánto te costaron las vacaciones?

¿De dónde sacaste los informes?

¿Te gustaron las vacaciones?

Vuelo libre

Entre las múltiples actividades que pueden entretenernos en el mes de agosto, volar puede ser una de ellas. En Santa Pola (Alicante) se realizan

VANDISTADT

cursos de vuelo libre, con alas delta, del 1 al 8 y del 8 al 16 de agosto. El precio, con todo incluido, es de 25.000 pesetas. Información en Exploración y Deporte, teléfono 766 29 15.

Ejercicios

Ejercicio número uno

¿Qué es mejor?

Ejemplo: ¿Qué es mejor, el vino o la cerveza?
El vino es mejor que la cerveza.
El vino es peor que la cerveza.

1 ¿Qué es mejor, el francés o el español?
2 ¿Qué es mejor, el rugby o el hockey?
3 ¿Qué es mejor, el clima inglés o el español?
4 ¿Qué es mejor, el sábado o el domingo?
5 ¿Qué es mejor, la música 'pop' o la clásica?

Ejercicio número dos

Haciendo comparaciones

Ejemplo: El boxeo/la corrida de toros/cruel.
El boxeo es más cruel que la corrida de toros.
El boxeo es menos cruel que la corrida de toros.
El boxeo es tan cruel como la corrida de toros.

1 El golf/el tenis/divertido.
2 El inglés/el español/útil.
3 Un astronauta/un torero/valiente.
4 Los sellos/los libros/interesantes.
5 Un camping/un hotel/cómodo.

Ejercicio número tres

Lee con cuidado esta carta escrita al director de un camping en
España, y luego contesta a las preguntas en inglés.

> Muy señor mío:
> Quisiera reservar un espacio en su camping por quince días a partir del dos hasta
> el diecisiete de agosto. Nuestro grupo se compone de dos adultos y tres niños de
> seis, siete y once años de edad. Necesitaremos un espacio para una tienda y un
> coche. ¿Quiere ser tan amable de mandarme los precios y también folletos
> informativos sobre su camping y la región?
>
> Le saluda atentamente,
>
> Robert J. Smith

1 What is the purpose of the letter?
2 For how long does the man wish to stay and when will he arrive?
3 What does his party consist of?
4 What space does he wish to reserve?
5 What other information does he request?

Now rewrite the letter to fit your own family and the following facts:
You wish to visit the campsite for ten days with a caravan from 10 July. You want to know the prices charged, whether the campsite has a restaurant, what there is of interest for young people and what historic monuments there are in the area.

Ejercicio de comprensión

¿Comprendes bien el español hablado?

Problemas en el camping
Escucha cada una de las conversaciones cortas, y luego escribe, en inglés, el problema que hay en el camping.

Lectura

En forma en la playa: gimnasia

Lee con cuidado el texto de los cinco ejercicios, y luego escoge el dibujo que vaya mejor con cada uno de los ejercicios.

En forma

TABLA I

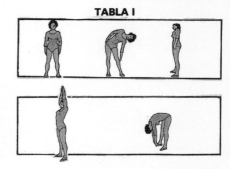

Ejercicio 1: Manos a los pies.
Cuerpo erguido, pies separados 30 centímetros, brazos por encima de la cabeza. Doblarse hacia delante y tocar el suelo. Se pueden doblar las rodillas. Volver a la posición inicial. Cada vez que se incorpore, se cuenta *uno*.

Ejercicio 2: Levantamiento de rodillas.
Cuerpo erguido, brazos a los lados, pies juntos. Levantar la rodilla izquierda lo más alto posible, sujetando la rodilla y la espinilla con las

manos. Tirar hacia el cuerpo, manteniendo la espalda recta. Bajar la pierna y repetir con la otra, alternando las dos. Cada vez que se hayan levantado las dos piernas, se cuenta *uno*.

Ejercicio 3: Flexión lateral.
Cuerpo erguido, pies separados 30 centímetros, brazos a los lados. Con la espalda recta, doblarse hacia la izquierda de cintura para arriba, y deslizar la mano por la pierna lo más posible. Volver a la posición inicial y doblarse a la derecha, alternando ambos lados. Cada vez que se doble a los dos lados, se cuenta *uno*.

Ejercicio 4: Giro circular del brazo.
Cuerpo erguido,. pies separados 30 centímetros, brazos a los lados. Efectuar círculos grandes con el brazo izquierdo. Realizar la cuarta parte con círculos hacia delante, y la otra hacia atrás. Repetir con el brazo derecho y alternarlos. Cada círculo completo se cuenta *uno*.

Ejercicio 5: Sentadas parciales.
Tumbarse de espaldas, piernas rectas y juntas, brazos a los lados. Levantar la cabeza y los hombros del suelo hasta verse los talones. Bajar la cabeza. Cada vez que se baje se cuenta como *uno*.

Un buen hotel

Si no te gusta hacer camping, siempre puedes ir a un hotel. Escribe en inglés las facilidades que ofrece este hotel.

Agua caliente y fría en todas las habitaciones.
Un cuarto de baño cada cuatro habitaciones.
Comedor al aire libre.
Salón de T. V.
Magníficos jardines.
Aparcadero de coches.
Personal que habla inglés.
Acceso directo por carretera.
A ochocientos metros de la playa.
Bar.

Gramática

1 Making comparisons *See page 141*

To compare one thing or person with another, you place *más* before the adjective and *que* after it. You are saying *more . . . than*.

Soy más alto que mi padre.
I'm taller than my father.

You can also compare what you do with the same two words.

Trabajo más que tú.
I work more than you do.

And you can make a comparison about possessions, etc.

Tengo más amigos que ella.
I've got more friends than she has.

Another way of comparing things or persons is to use *menos . . . que*, and then you are saying *less . . . than*.

Soy menos alto que mi padre.
I'm smaller than my father (less tall than).

Trabajo menos que tú.
I work less than you do.

Tengo menos amigos que ella.
I've got less friends than she has.

To compare things or people that are equal, you use *tan . . . como* with adjectives and *tanto . . . como* with verbs or nouns.

Soy tan alto como mi padre.
I'm as tall as my father.

Trabajo tanto como tú.
I work as much as you do.

Tengo tantos amigos como ella.
I've got as many friends as she has.
(Note that *tanto* agrees with the noun.)

2 Saying what you must or ought to do

There are several ways of expressing the idea of obligation.

a) *Hay que* with the Infinitive.

Hay que conocer Santander.
One ought to get to know Santander.
(You/we should get to know Santander.)

b) *Tener que* with the Infinitive.

Tengo que trabajar.
I have to work.

Tuvimos que salir.
We had to leave.

c) *Deber* with the Infinitive.
Debo marcharme ahora.
I must go now.

3 Ordinal Numbers: first to tenth

See page 144

Only the Ordinal Numbers first to tenth are commonly used. They are as follows:

Primero	*first*	Sexto	*sixth*
Segundo	*second*	Séptimo	*seventh*
Tercero	*third*	Octavo	*eighth*
Cuarto	*fourth*	Noveno	*ninth*
Quinto	*fifth*	Décimo	*tenth*

Before a Masculine Singular noun, *primero* and *tercero* shorten to *primer* and *tercer*.

Vive en el tercer piso.
He lives on the third floor.

Está en el primer piso.
It's on the first floor.

These numbers are used:

a) to show a number in a series:
Es la cuarta calle a la derecha.
It's the fourth street on the right.

b) in the titles of kings and queens:
Enrique Octavo, rey de Inglaterra.
Henry (the) Eighth, King of England.

c) usually to refer to the first of the month (but only the first):
El primero de mayo.
The first of May.

The numbers are adjectives and agree with nouns in the usual way.

Lee las cinco primeras páginas.
Read the first five pages.

Vocabulario

alegrarse *to be pleased*
amable *kind, nice*
ambos *both*
armar (una tienda) *pitch (a tent)*
bajo *beneath*
barato *cheap*
cada *each*
caro *dear, expensive*
cocinar *to cook*
comida (f) *lunch, food*
componer (se) *to compose*
corriente (f) *current*
cubo (m) de la basura (f) *dustbin*
deslizar *to slip, slide*
ducharse *to take a shower*

entretenerse *to entertain, amuse*
erguido *erect*
estancia (f) *stay, holiday*
ficha (f) *card*
folleto (m) *brochure*
furgoneta (f) *van, mobile home*
gente (f) *people*
guía (m) *guide*
hacer falta *to need*
he aquí *here are*
imprescindible *essential*
jornada (f) *day*
mandar *to send*
manera (f) *way, manner*
mapa (m) *map*
molestar *to bother, worry*
pago (m) *payment*
paisaje (m) *countryside*
pálido *pale*

pariente (m/f) *relation*
pintoresco *picturesque*
potable *drinkable*
recibir *to receive*
remolque (m) *trailer*
rodilla (f) *knee*
sello (m) *postage stamp*
servicios (m.pl.) *services, toilets*
significar *to mean*
sin duda *without doubt, doubtless*
sitio (m) *place, room, site*
sobre todo *above all, especially*
suelto *loose, free*
tarjeta postal (f) *postcard*
tienda (de campaña) (f) *tent*
tratar *to treat*
vale *OK*
valer la pena *to be worth the trouble*
vista (f) *view, sight*

Vamos de tiendas

Aims

1 Shopping in Spain

2 Saying what you need or require

3 Talking about quantity, size, colour, price, etc.

Frases clave

Necesito esparadrapo. ¿Qué hago? Vaya a la farmacia.
I need sticking plaster. What should I do? Go to the chemist's.

Me hace falta algo para la tos. ¿Qué recomienda usted?
I need something for a cough. What do you recommend?

Me hacen falta unas gafas de sol. ¿Dónde se venden?
I need some sunglasses. Where are they sold?

¿Tiene usted polvos de talco? No, los polvos de talco se venden en la perfumería.
Do you have talcum powder? No, talcum powder is sold at the perfume shop.

¿Tiene algo para el dolor de cabeza? OKAL es muy bueno.
Have you got something for a headache? OKAL is very good.

Quisiera ver algunos recuerdos de esta ciudad. ¿Qué tiene?
I'd like to see some souvenirs of this city. What do you have?

¿No hay nada más barato? Más barato no hay; ése es el más barato que tengo.
Is there nothing cheaper? There's nothing cheaper; that's the cheapest I have.

Compré esto aquí ayer, pero no funciona. ¿Quiere cambiarlo?
I bought this here yesterday, but it doesn't work. Will you change it?

¿Dónde puedo obtener entradas para el museo? En la taquilla al lado de la entrada.
Where can I get tickets for the museum? At the ticket-office beside the entrance.

Póngame dos kilos de melocotones, por favor.
Give me two kilos of peaches, please.

Déme dos barras de pan.
Give me two small loaves.

¿Quiere darme una lata de guisantes?
Will you give me a tin of peas?

Necesito un tubo de aspirinas.
I need a tube of aspirins.

Déme un paquete de galletas.
Give me a packet of biscuits.

¿Qué talla, por favor? Un treinta y ocho.
What size, please? A size thirty-eight. (Size ten in Britain)

¿Qué número gasta usted? Un cuarenta y dos.
What size (shoes) do you wear? A size forty-two. (Size nine in Britain)

¿Cuál le gusta más, el verde o el amarillo? Creo que me gusta más el amarillo.
Which do you prefer, the green or the yellow? I think I prefer the yellow.

¿Cuánto vale este collar de oro? Vale diez mil pesetas.
How much does this gold necklace cost? It costs ten thousand pesetas.

¿Cuánto vale entrar? Treinta pesetas.
How much is to go in? Thirty pesetas.

¿Cuánto valen estos pendientes de plata? Valen cinco mil pesetas.
How much are these silver ear-rings? They cost five thousand pesetas.

Informaciones

Vamos de tiendas

En un país extranjero, todas las tiendas son muy interesantes, pero, de vez en cuando, algunas nos son más necesarias que otras. Por ejemplo, si estás en España, y tienes un pequeño accidente o no te encuentras bien, debes buscar una farmacia. Los farmacéuticos españoles son muy buenos y saben tratar las enfermedades que no son muy serias.

En las farmacias no se suele vender más que medicinas y para otras cosas, como el perfume o el maquillaje, tienes que ir a una perfumería o una bisutería. Si es muy tarde, y todas las tiendas están cerradas, hay que buscar en el periódico de la ciudad o del pueblo las Farmacias de Guardia, que están abiertas hasta muy tarde.

Actos para hoy

DE 8,30 A 14:
• **Caja de Ahorros** (paseo de la Castellana, 23).— Iconos de Antonio López y María Angeles Pizarro.
A LAS 19 Y 22,15:
• **Centro Cultural de la Villa** (plaza de Colón).— La Compañía Ases Líricos, de Evelio Esteve, presenta «Alma de Dios» y «La alegría de la huerta».

Farmacias de guardia

Farmacias en servicio de urgencia día y noche, ininterrumpidamente:
TETUAN - FUENCARRAL - PEÑA GRANDE Y BARRIO DEL PILAR.— General Margallo, 4 (esquina Bravo Murillo, 280). General Perón, 23 (esquina a Orense). Plaza Cieza, 2 (semiesquina Fermín Caballero, 69).
UNIVERSIDAD - MONCLOA.— San Francisco de Sales, 5 (plaza Cristo Rey).
CHAMBERI.— José Abascal, 59.
CENTRO - LATINA.— Conde de Romanones, 8. Montera, 9.
CARABANCHEL - EXTREMADURA.— Camino Viejo Leganés, 64 (frente viviendas experientales). Los Yébenes, 127, local C (antes Almodóvar). Seseña, 31 (esquina a Escalona).
ARGANZUELA - VILLAVERDE.— Fermín Donaire, 33 (parque de la Paloma). Calle Calesas, 19. Callejón Gómez Acebo, 5 (Villaverde Alto).
CHAMARTIN - HORTALEZA - CANILLAS.— Cartagena, 99 (esquina Avenida América). Angel Luis de la Herranz, torre 3-9. Suero de Quiñones, 9 (salida Metro Prosperidad). Avenida San Luis, 82.
VENTAS - SAN BLAS - CANILLEJAS.— Elfo, 61 (esquina a Beato Berriochoa, 7). Marqués de Corbera, 60 (Barrio Elipa). Fernández Caro, 72 (entrada Marqués Portugalete).
SALAMANCA.— Alcalá, 90 (esquina a Jorge Juan).
RETIRO - MEDIODIA.— Atocha, 109. Narváez, 50. Estrella Polar, 17 (Barrio de la Estrella).
VALLECAS (PUENTE DE).— Avenida Monte Igueldo, 81.
MORATALAZ.— Pico de los Artilleros, 56, Políg. I.
VALLECAS (PUEBLO).— Montes Barbanza, 13 (Urbanización Saconia).
VICALVARO.— Plaza Antonio de Andrés, 13.

En España hay todavía más tiendas especializadas que en otros países como, por ejemplo, la heladería que sólo vende hielo. Si haces camping, el hielo es muy importante para conservar frías las bebidas y fresca la mantequilla, el pescado o la carne.

Claro que en esta heladería no se vende hielo sino helados; es decir, es una heladería moderna para atender a los jóvenes y a los turistas en los días calurosos de verano.

En el estanco puedes comprar sellos, tarjetas postales, papel de escribir, sobres y también cigarrillos y tabaco.

En la panadería se vende pan, pero no se venden allí pasteles ni caramelos, y éstos se venden en una confitería o en una pastelería.

Los pasteles españoles son riquísimos y, cuando estás de vacaciones en España, debes probar una tarta de manzana, una ensaimada o un pastel de moka en una de las muchas pastelerías que hay en todas las ciudades.

Los quioscos de la Lotería Nacional también se encuentran por todas partes en las ciudades y los pueblos del país, y en ellos puedes comprar un 'décimo' y ver si tienes suerte en el sorteo. Claro que un 'décimo' es sólo la décima parte del billete y, por eso, si tu número sale en el sorteo, sólo recibes la décima parte del premio. En cada calle de una ciudad española hay tiendas interesantes que no se ven en otros países de Europa. Por ejemplo, he aquí una jamonería: una tienda donde no venden más que jamón y queso. Imagínate – una tienda llena de jamón y queso – ¡Qué olor más rico!

Did you understand?

Answer the following questions in English.

1 How does a Spanish chemist's differ from those in other countries?
2 Where would you buy make-up in Spain?
3 Where can you find details of the 'all-night' chemist's?
4 Why is ice important if you are camping?
5 What can you buy in the 'estanco'?
6 Where do you buy cakes in Spain?
7 What is 'una tarta de manzana' in English?
8 What is a 'décimo' and what do you win if your number is chosen in the draw?
9 What do they sell in the 'jamonería'?
10 What do you notice as you go into this shop?

Conversaciones

En la farmacia

Farmacéutico:	– Buenos días, señorita. ¿En qué puedo servirla?
Señorita:	– ¿Tiene algo para las quemaduras del sol?
Farmacéutico:	– Esta crema es muy buena, señorita. Doscientas pesetas el tubo.
Señorita:	– Déme un tubo.
Farmacéutico:	– ¿Algo más, señorita?
Señorita:	– Sí. Necesito algo para el dolor de cabeza. ¿Qué recomienda usted?
Farmacéutico:	– OKAL es muy bueno. Noventa pesetas el paquete.
Señorita:	– Un paquete de OKAL, entonces.
Farmacéutico:	– ¿Eso es todo?
Señorita:	– No. ¿Qué tiene para la tos?
Farmacéutico:	– Esto es muy bueno. Vicks Fórmula cuarenta y cuatro. Ciento ochenta pesetas.
Señorita:	– Muy bien. Déme un paquete.
Farmacéutico:	– ¿Alguna cosa más?
Señorita:	– No, gracias. ¿Cuánto es todo?
Farmacéutico:	– Doscientas pesetas, más noventa, más ciento ochenta . . . son cuatrocientas setenta pesetas.
Señorita:	– Aquí tiene usted quinientas pesetas.
Farmacéutico:	– Treinta pesetas de vuelta. Adiós, y muchas gracias.
Señorita:	– Adiós.

En la tienda de comestibles

Chica:	– ¿Vende usted gas butano?
Tendero:	– Tú eres del camping, ¿verdad?
Chica:	– Sí, eso es.
Tendero:	– Pues, ¿no tienen gas butano ahí, en la tienda del camping?

41

Chica: – No queda. Mañana tendrán; pero nos hace falta gas ahora para hacer la comida.

Tendero: – Mira, creo que venden gas en aquella tienda al otro lado de la plaza. ¿La ves? Donde dice 'Lorenzo Alcón'.

Chica: – Gracias.

En la tienda de Lorenzo Alcón

Tendero: – Buenos días. ¿Qué deseas?

Chica: – ¿Tiene usted gas butano?

Tendero: – Sí, está ahí en el rincón. Pon el cilindro vacío aquí con los otros, y coge uno lleno de ésos.

Chica: – ¿Cuánto vale?

Tendero: – Trescientas pesetas.

Chica: – Aquí tiene. Adiós.

Tendero: – Adiós. Y ahora, señora, ¿qué quiere usted?

Señora: – Mire, señor, compré este abrelatas aquí ayer, pero no funciona. Creo que está roto. Esta parte de aquí no anda.

Tendero: – Vamos a ver. Tiene usted razón, señora. Esto pasa algunas veces con este modelo de abrelatas. Lo voy a cambiar por otro. Aquí tiene, y perdone la molestia.

Señora: – Gracias. Adiós.

Tendero: – Adiós, señora.

En la tienda de recuerdos

Dependiente: – Buenas tardes. ¿Qué desea?

Chica: – Quisiera ver algunos recuerdos típicos de esta región. ¿Qué me puede enseñar?

Dependiente: – La cerámica es muy típica de aquí, señorita, y se fabrica en el pueblo de Cabrero, en la sierra. Pero, ¿qué clase de recuerdo quiere usted?

Chica: – Me hacen falta tres pequeños regalos: uno para mis padres, otro para mis abuelos y un tercero para mis tíos.

Dependiente: – Pues aquí hay de todo: platos, jarras, ceniceros . . .

Chica: – Mi abuelo fuma mucho. Le voy a regalar un cenicero. Ese azul es muy bonito.

Dependiente: – ¿Este? También tengo éste verde, y éste rojo. ¿Cuál le gusta más?

Chica: – Me gusta más el azul. ¿Cuánto vale?

Dependiente: – Vale trescientas pesetas.

Chica: – Sí, ése, por favor. También me gustan aquellos platos. Los amarillos con los dibujos de animales.

Dependiente: – ¿Estos, no? Sí, son muy bonitos. Mire; hay perros, gatos, conejos y pájaros.

Chica: – Son bastante grandes, ¿verdad? Los tengo que llevar en la maleta y no sé si van a caber.

Dependiente: – Si usted quiere, los puedo envolver bien y hacer un pequeño paquete de los tres.

Chica: – Muy bien. ¿Cuánto valen los platos?

Dependiente: – Valen doscientas cincuenta pesetas cada uno; quinientas pesetas en total.

Chica: – Y luego con el cenicero son ochocientas pesetas, ¿verdad?

Dependiente: – Eso es. ¿Quiere pagar en caja? Se los envuelvo en seguida.

Chica:	– Gracias.
Dependiente:	– A usted, señorita. Estoy seguro de que los regalos les van a gustar mucho a sus padres y a sus parientes.
Chica:	– Espero que sí.

¿Has entendido?

En la farmacia
Answer the following questions in English.

1 What three things does the young lady require medicine for?
2 What is she given for each of them?
3 What is the total cost?

Now rewrite the dialogue with your partner, but ask for medicine for the following:

a) a headache – el dolor de cabeza
b) a fever – la fiebre
c) a stomach ache – el dolor de estómago.

Practise the new dialogue with your partner.

En la tienda de comestibles
Contesta a las preguntas en español.

1 ¿Qué quiere la chica?
2 ¿Dónde pasa la chica sus vacaciones?
3 ¿Por qué no puede encontrar allí lo que quiere?
4 ¿Dónde venden el gas butano?

En la tienda de Lorenzo Alcón
¿Verdad o mentira?

1 El tendero no tiene gas butano.
2 La chica cambia el cilindro vacío por uno lleno.
3 La señora compró un abrelatas en la tienda la semana anterior.
4 El abrelatas funciona muy bien, y la señora quiere otro.
5 El tendero cambia el abrelatas por otro que funciona bien.

En la tienda de recuerdos
Answer the following questions in English.

1 What does the girl want?
2 What is typical of the region, and where is it made?
3 How many presents does she want, and for whom?
4 What does she choose for her grandfather, and why?
5 What other presents is she shown?
6 Why does the size worry her?
7 How does the assistant solve this problem?
8 What is the total cost?

Resumen

Vamos de tiendas

Necesito		gasolina.	
Necesitas		aceite.	
Usted necesita		dinero.	
No	me	hace falta	dinero.
	te		más tiempo.
	le		un recuerdo de esta ciudad.
	nos		un regalo para la familia.
	os		gas butano.
	les		una tienda de campaña.

No	me	hacen falta	unos zapatos nuevos.
	te		unos recuerdos de España.
	le		unos regalos para la familia.
	nos		unas sandalias para la playa.
	os		
	les		

¿Para quién	es?	Es para	mi padre.
	son?	Son	mi madre.
			mi abuelo.
			mi abuela.
			mi hermana menor.

Tengo	que	llevar	algo típico de aquí.
Tienes		comprar	un recuerdo de esta región.
Tiene		encontrar	unos regalos bonitos para la familia.

Usted tiene

Debo

Debes

Debe

Usted debe

¿Por qué fuiste a la gasolinera?	Porque necesitaba gasolina.
	Porque me hacía falta gasolina.

¿Por qué fue Paco al banco?	Porque necesitaba dinero.
	Porque le hacía falta dinero.

¿Por qué fuisteis a la tienda de recuerdos?	Porque necesitábamos regalos para la familia.
	Porque nos hacían falta regalos para la familia.

¿Cuánto vale?	Treinta pesetas el kilo.
	Cincuenta pesetas el paquete.
	Sesenta pesetas el tubo.
	Cien pesetas la ración.

¿Cuánto valen?	Doscientas pesetas el kilo.
¿Cuánto te costó?	No mucho; sólo mil pesetas.
¿Cuánto te costaron?	Bastante; cinco mil pesetas.

Actividades

Cada oveja con su pareja

Hablamos de fotos

Mira bien la foto A y descríbela en español a tu compañero, que escribirá en inglés todo lo que comprenda de la foto. Compara lo que pone con la foto.

Ahora mira bien la foto B y contesta a las preguntas de tu compañero. Sólo puedes decir 'Sí' o 'No'.

Ahora escucha bien lo que dice tu compañero de su foto A, y escribe en inglés lo que hay en la foto. Luego haz preguntas sobre su foto B como las siguientes:

¿Hay gente en la foto?
¿Son chicos? ¿Son chicas?
¿Están en la calle? ¿Están jugando al fútbol?

A

Tus cosas favoritas

Rellena los espacios en la lista siguiente y luego contesta a las preguntas de tu compañero, que contestará después a las tuyas. (Copia la lista primero en tu cuaderno.)

Tu asignatura favorita ....
Tu color favorito   ....
Tu cantante favorito   ....
Tu regalo favorito   ....
Tu comida favorita   ....
Tu bebida favorita   ....

¿Cuál es tu asignatura favorita? etc.

En la tienda de recuerdos

Mira otra vez el diálogo en la tienda de recuerdos y, con la ayuda de tu compañero, escribe otro diálogo con los detalles siguientes:

a) Quieres dos regalos para tu madre y tu hermana mayor.
b) El color favorito de tu madre es el rojo, y le gustan mucho las jarras típicas.
c) Tu hermana mayor fuma bastante y le gusta el amarillo.
d) Quieres gastar quinientas pesetas en los dos regalos.

Practica el nuevo diálogo con tu compañero.

B

45

Cada oveja con su pareja

Hablamos de fotos

Mira bien la foto A y descríbela en español a tu compañero, que escribirá en inglés todo lo que comprenda de la foto. Compara lo que pone con la foto.

Ahora mira bien la foto B y contesta a las preguntas de tu compañero. Sólo puedes decir 'Sí' o 'No'.

Ahora escucha bien lo que dice tu compañero de su foto A, y escribe en inglés lo que hay en la foto. Luego haz preguntas sobre su foto B como las siguientes:

¿Hay gente en la foto?
¿Son chicos? ¿Son chicas?
¿Están en la calle? ¿Están jugando al baloncesto?

A

B

 Ejercicios

Ejercicio número uno

¡Qué pregunta!

Estas son las respuestas. ¿Cuáles son las preguntas?

1 Me costaron cinco mil pesetas.
2 Porque me hacía falta papel de escribir.
3 Creo que a mi padre le gusta el azul.
4 Son para mis hermanos.
5 Quisiera ver algunos recuerdos de la región.
6 Quiero dos kilos de manzanas.
7 Pasé mis vacaciones en Plasencia.
8 Hizo un tiempo magnífico.
9 Viajé en avión y en coche.
10 Ayer fui a Toledo.

Ejercicio número dos

¿Qué le hace falta?

Ejemplo: A Pablo le hace falta un paraguas.

46

Ejercicio número tres

Ejemplo: ¿Por qué fuiste al banco?
　　　　Porque necesitaba dinero.
　　　　Porque me hacía falta dinero.

1 ¿Por qué fuiste a la gasolinera?
2 ¿Por qué fue Enrique al estanco?
3 ¿Por qué fueron los chicos a la zapatería?
4 ¿Por qué no terminó usted el trabajo?

5 ¿Por qué fuisteis todos a la tienda de recuerdos?
6 ¿Por qué fuiste al quiosco de la lotería?
7 ¿Por qué fue Elena a la sombrerería?
8 ¿Por qué fueron tus padres a la farmacia?
9 ¿Por qué fuiste a la tienda de comestibles?
10 ¿Por qué fuisteis al mercado?

Ejercicio número cuatro

¿Qué desea?

Escoge una parte de cada columna para hacer diez frases aceptables.

Déme	un kilo	de	leche.
Póngame	medio kilo	de	patatas.
Tráigame	un litro	de	manzanas.
Enséñeme	una botella	de	treinta pesetas.
Quisiera ver	un paquete	de	galletas.
Me hace falta	un tubo	de	aceite.
Me hacen falta	un par	de	cerveza.
	un vestido	de	guantes.
	unos guantes	de	cuero.
	tres sellos	de	aspirinas.
			verano.

Ejercicio de comprensión

¿Comprendes bien el español hablado?

Escucha cada uno de los diálogos siguientes, y luego contesta a las preguntas en inglés.

En la tienda de comestibles

1 What does the woman want?
2 What has she brought for the shopkeeper?
3 What did she buy the day before?
4 What did she find when she opened the first one?
5 Why is the shopkeeper surprised?
6 What was in the other cans?
7 How does the woman suggest she prove that she is speaking the truth?

En la relojería

1 What did the girl buy, and when?
2 How much did she pay?
3 What is her complaint?
4 What exactly is wrong with the watch?
5 What does the shopkeeper promise to do?
6 When will the watch be ready?

Recetas por radio: la receta del día

1 What recipe are you going to make today?
2 List the ingredients and quantities required.

Lectura

La protección del consumidor en España

Existe en España un ministerio que protege los intereses del consumidor. El ministerio se llama Ministerio de Economía y Comercio. He aquí un trozo de uno de sus folletos. Léelo, y luego contesta a las preguntas en inglés.

MINISTERIO DE ECONOMIA Y COMERCIO–INSTITUTO NACIONAL DEL CONSUMO

Lo que al consumidor interesa conocer sobre...

pantalones vaqueros

Tallas	Referencia	Altura en cms. desde la cintura	
		Para hombres (con zapatos)	Para mujeres (sin zapatos)
Talla extra-corta ..	P	92,5— 96,5	82,1— 88,0
Talla corta	C	96,6—101,5	88,1— 94,0
Talla media	M	101,6—104,5	94,1— 97,0
Talla larga	L	104,6—108,5	97,1—103,0
Talla extra larga ..	X	108,6—112,5	103,1—109,0
Talla super larga ..	S	112,6—116,5	109,1—115,0

Definición

Con el apelativo de vaqueros o tejanos se conoce normalmente una variedad de pantalones confeccionados con tejido de algodón; de aspecto recio y características y colorido peculiares, que, en razón a su línea muy amoldable al cuerpo y cierta resistencia al desgaste, les hace apropiados para todo uso por parte de hombres, mujeres y niños. Por estas y otras cualidades, así como gracias a la intensa labor publicitaria realizada a su favor, puede decirse que su utilización se halla actualmente muy extendida, sobre todo entre los jóvenes de ambos sexos, que le han adoptado, de poco tiempo a esta parte, como su prenda de vestir favorita.

Sobre el origen de esta clase de pantalones existen varias versiones; una atribuye su paternidad a la iniciativa de un alemán emigrado a Norteamérica, que hacia 1850 vendía a los buscadores de oro, tan abundantes por aquellos tiempos en California, unos pantalones confeccionados con tela recia y resistente de algodón, fabricada al estilo de la francesa, llamada sarga de Nimes, de donde proviene el nombre de «denim»,

con que a veces se conoce a esta modalidad de tejido que, por sus características especiales de fabricación, forma líneas diagonales en su estructura.

Otra versión que pretende explicar el origen de la palabra inglesa «jeans», con la que se designa en Norteamérica a esta prenda, la hace derivar de la francesa Gênes, Génova, puesto que supone que fueron los marineros genoveses los primeros en usar estos pantalones, que posteriormente se extendieron por todo el territorio de los Estados Unidos, en especial por Texas, entre los cuidadores del ganado vacuno o vaqueros.

Sea cualquiera la verdad de su origen, lo cierto es que ha sido la industria de la confección norteamericana la que ha impuesto en el mundo este modelo de pantalones, mediante una masiva y tenaz publicidad. Aún hoy, cuando por lo general se confeccionan en nuestro país, la propaganda acostumbra a utilizar vocablos y símbolos exclusivamente estadounidenses, por estimar que de este modo se facilita su penetración en el mercado.

1 What is the pamphlet about?

2 Where did the man who started making jeans come from?

3 Who were his first customers and where were they in America?

4 Where does the name 'denim' come from?

5 What is the explanation for the name 'jeans'?

6 Who first wore this type of trousers?

7 Who in particular in America took to wearing them?

8 What sizes of jeans are indicated by the letters C, L and S?

9 How should women measure their height, and how does this differ from men?

10 According to the chart, what letter would you look for on jeans in Spain?

¡Buena leche!

Otra publicación de este ministerio habla de la leche. Lee esta página del folleto, y luego contesta a las preguntas en inglés.

1 What should you find on a container of pasteurised milk, and when you should you have used it by?

2 What should you find on a container of sterilised milk?

3 What sort of container will keep the milk good for six months?

4 How long will sterilised milk keep in a cardboard container?

5 Where should you keep sterilised milk, and how long will it last after you have opened the container?

6 What do you look for on the container of condensed milk?

7 What sort of milk is 'leche en polvo'?

8 Where should you keep this sort of milk?

CONSEJOS PRACTICOS

Cuando adquiera un envase de leche debe tener presente que...

Si es de **leche pasterizada**, deberá figurar en él *la fecha máxima de venta*, ya que su *consumo* debe hacerse dentro de las *48 horas siguientes*.

Si es de **leche esterilizada**, la indicación del *mes y año en que haya sido tratada*, puesto que su plazo de conservación alcanza hasta *seis meses* en envases de vidrio o plástico, y únicamente *dos* cuando el envase es de cartón plastificado.

En todo caso, si el envase de abre, debe mantenerse en frigorífico y *consumirse* como máximo dentro de las *48 horas siguientes*.

Si es de **leche concentrada**, además de *la fecha máxima de venta* debera figurar en el envase la *equivalencia de su contenido en volumen de leche reconstituida*.

Si es de **leche evaporada**, será suficiente conocer *el trimestre y año de fabricación y la equivalencia de su contenido en volumen de leche reconstituida*.

Si es de **leche condensada**, además del nombre del fabricante deberá figurar *el trimestre y año de fabricación*.

Si es de **leche en polvo**, debe indicarse en sus envases *el peso neto del contenido, el trimestre y año de fabricación y el nombre de la entidad productora*. Ha de conservarse en sitio fresco y seco.

Si es de **leche desnatada** deberá exigir siempre el *porcentaje de grasa que contenga*.

Gramática

1 Saying what you need or lack

See page 139

a) **Need**

Two verbs can be used to express this idea, *necesitar* and *hacer falta*. *Necesitar* is a regular *AR* verb.

Necesito un par de zapatos nuevos.
I need a pair of new shoes.

¿Qué necesita Paco? Necesita una bicicleta.
What does Paco need? He needs a bicycle.

No terminé el trabajo porque necesitaba más tiempo.
I did not finish the work because I needed more time.

Hacer falta is an impersonal verb and behaves like *gustar*.

49

Me hace falta un par de zapatos nuevos.
I need a pair of new shoes.

¿Qué le hace falta a Paco? Le hace falta una bicicleta.
What does Paco need? He needs a bicycle.

No terminé el trabajo porque me hacía falta más tiempo.
I did not finish the work because I needed more time.

If what you need is plural, so is the verb.

Me hacen falta mil pesetas.
I need a thousand pesetas.

b) **Lack**

This idea is expressed by using the verb *faltar* which, like *hacer falta*, is impersonal and behaves like *gustar*.

Me falta tiempo.
I do not have the time. (I lack time.)

Aquí faltan mil pesetas.
There are one thousand pesetas missing here.

¿Qué os falta? Nos falta una cerveza.
What do you not have? We are short of a beer.

2 Asking questions

There are three ways to form a question:

a) by using a questioning tone of voice:
  Es inglés. *He's English.*
  ¿Es inglés? *Is he English?*

b) by putting *verdad* at the end of the sentence:
  Es inglés. *He's English.*
  Es inglés, ¿verdad? *He's English, isn't he?*

c) by turning round the subject (or subject pronoun) and the verb:
  Usted es inglés. *You're English.*
  ¿Es usted inglés? *Are you English?*
  Juan vive aquí. *John lives here.*
  ¿Vive Juan aquí? *Does John live here?*

You can also form questions by using question words:

¿Adónde vas? ***Where** are you going **to**?*
¿Dónde está? ***Where** is it?*
¿De dónde viene? ***Where** does it come **from**?*
¿Quién es? ***Who** is it?*

¿Quiénes son? ***Who** are they?*
¿De quién es? ***Whose** is it?*
¿Cómo está usted? ***How** are you?*
¿Qué quiere usted? ***What** do you want?*
¿Cuál quiere usted? ***Which** one do you want?*
¿Cuáles quiere usted? ***Which** ones do you want?*
¿Cuánto vale? ***How much** is it?*
¿Cuándo llegó? ***When** did he arrive?*
¿Por qué lo hizo? ***Why** did he do it?*

Vocabulario

abierto *open*
abrelatas (m) *tin-opener*
ajustar *to adjust*
andar *to walk, work, go (of machines)*
bisutería (f) *inexpensive jeweller's*
caber *to fit, be contained in*
caluroso *hot*
cambiar *to change*
caramelo (m) *a sweet*
cenicero (m) *ashtray*
cerámica (f) *pottery*
cerrado *shut, closed*
conejo (m) *rabbit*
dolor (m) *pain, ache*
enfermedad (f) *illness*
ensaimada (f) *a type of bun*
enseñar *to show, teach*
envase (m) *container, package*
envolver (ue) *to wrap up (parcel)*
estanco (m) *tobacconist's*
extranjero *foreign*
farmacéutico (m) *chemist*
farmacia (f) *chemist's*
fecha (f) *date*
funcionar *to go, work (machines)*
galleta (f) *biscuit*
heladería (f) *ice-cream shop, ice shop*
helado (m) *ice cream*
hielo *ice*
jarra (f) *jug*
lleno *full*
mantequilla (f) *butter*
maquillaje (m) *make-up*
olor (m) *smell*
quemaduras del sol (f.pl.) *sunburn*
ración (f) *portion, piece*
rincón (m) *corner (inside)*
roto *broken*
serio *serious*
sorteo (m) *draw (lottery)*
todavía *yet, still*
tos (f) *cough*
traer *to bring, fetch*
vacío *empty*
vidrio (m) *glass*

¿En qué puedo servirle?

Aims

1 **Reporting lost and stolen property**

2 **Getting things cleaned or repaired**

3 **Expressing pleasure, emotion and complaints**

Frases clave

1 En la oficina de objetos perdidos

¿Qué perdió usted exactamente? Perdí un bolso.
What have you lost exactly? I've lost a handbag.

¿Dónde lo perdió? Creo que lo dejé en el autobús.
Where did you lose it? I believe I left it on the bus.

¿Cómo es el bolso? Es bastante grande y es de cuero negro.
What's the handbag like? It's fairly big and made of black leather.

¿Qué había en el bolso? Mi monedero, mi pasaporte, unos cheques de viaje y mis gafas de sol.
What was there in the handbag? My purse, my passport, some traveller's cheques and my sunglasses.

¿Un pasaporte inglés? Sí, a nombre de Amanda Jones.
An English passport? Yes, in the name of Amanda Jones.

Entonces, ¿es éste su bolso? Sí, ése es el mío. Muchas gracias.

Then, is this your handbag? Yes, that's mine. Thank you very much.

2 En la calle

¡Señor guardia, me han robado!
Constable, I've been robbed!

¿Qué le han robado? Una máquina fotográfica.
What have they stolen from you? A camera.

¿Dónde estaba usted cuando se la robaron?
Where were you when they stole it from you?

Ahí, en la terraza de aquel café. Estaba tomando café.
Over there on the terrace of that café. I was having a coffee.

¿Qué pasó exactamente? Un chico se acercó, cogió la máquina y se fue corriendo.
What happened exactly? A lad came up, seized the camera and ran off.

¿Cómo era el chico? Era bastante alto, llevaba un jersey gris y tenía el pelo muy rubio.
What was the lad like? He was fairly tall, he was wearing a grey jersey and had very fair hair.

Vamos a la comisaría.
Let's go to the police station.

3 En la tintorería

¿Puede usted limpiarme esta falda? Claro que sí.
Can you clean this skirt for me? Of course.

¿Para cuándo la quiere? Para mañana.
When do you want it for? Tomorrow.

¿Puede usted arreglar la cremallera también?
Está rota.
Can you repair the zip too? It's broken.

Sí, señorita. La falda estará lista mañana a las
tres de la tarde.
*Yes, miss. The skirt will be ready tomorrow at
three in the afternoon.*

4 ¡Qué emocionante!

¡Qué día más magnífico!   *What a smashing day!*

¡Qué interesante!   *How interesting!*

¡Dios mío!   *Goodness me!*

¡Hombre!   *Man!*

¡Cuánto dinero!   *What a lot of money!*

¡Cuánto me alegro!   *I'm so glad.*

¡Qué chico tan tonto!   *What a stupid boy!*

¡Qué aburrido!   *How boring!*

¡No hay derecho!   *It's not right!*

¡Esto no es vida!   *This isn't living!*

Siempre pasa lo mismo.   *This always happens.*

¿Qué importa?   *What does it matter?*

(No) me importa un bledo.   *I don't give a hoot.*

Informaciones

Los servicios públicos en España

Los servicios públicos en España son los mismos
que en otros países, y hay muy pocas diferencias.
Si hay un incendio en una casa, vienen los
bomberos a apagarlo, como se ve en la foto donde
un bombero ha subido al balcón de la casa para
entrar.
La policía es algo distinta de la de otros países
porque hay tres tipos de policía: la Guardia Civil,
la Policía Nacional y la Policía Municipal. La
Guardia Civil suele ir en parejas y presta servicio
en el campo o en los pueblos. También va en moto
por las carreteras principales para regular el
tráfico. La Guardia Civil lleva un uniforme verde
y el famoso sombrero de tres picos, el 'tricornio'.

La Policía Nacional hoy en día lleva un uniforme
marrón y una gorra, y también una pistola y una
porra. Bajo el régimen de Franco la Policía
Nacional (que entonces se llamaba 'Policía
Armada') tenía una reputación muy mala entre
los estudiantes y los jóvenes del país y, como los
guardias llevaban un uniforme gris, los
estudiantes les llamaban 'los grises', y se oía el
grito de: '¡Cuidado, que vienen los grises!' por los
pasillos de las universidades del país. Ahora,
como los guardias llevan un uniforme marrón,
los estudiantes les han dado otro nombre.
La Policía Municipal lleva un uniforme azul pero
en el verano, cuando hace mucho sol, lleva una
chaqueta blanca. Estos guardias regulan el
tráfico en las ciudades y pueden poner multas a
los conductores que conducen mal o dejan su
coche mal aparcado. He aquí la lista de multas
que pueden poner.

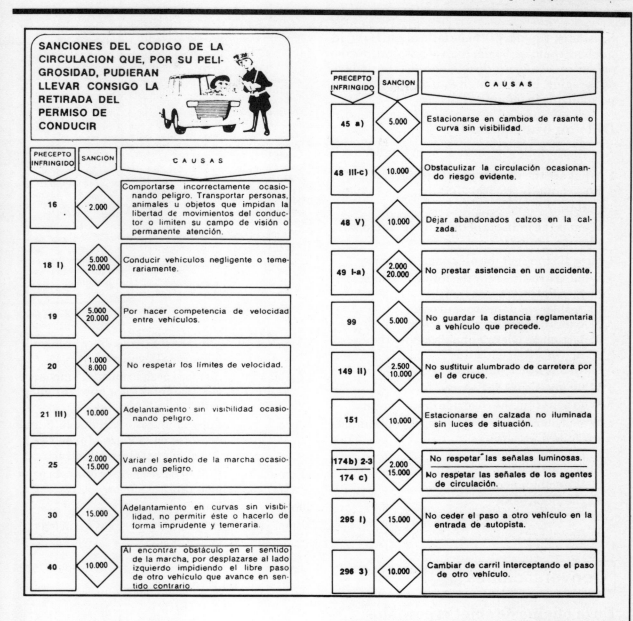

SANCIONES DEL CODIGO DE LA CIRCULACION QUE, POR SU PELIGROSIDAD, PUDIERAN LLEVAR CONSIGO LA RETIRADA DEL PERMISO DE CONDUCIR

PRECEPTO INFRINGIDO	SANCION	CAUSAS
16	2.000	Comportarse incorrectamente ocasionando peligro. Transportar personas, animales u objetos que impidan la libertad de movimientos del conductor o limiten su campo de visión o permanente atención.
18 I)	5.000 20.000	Conducir vehículos negligente o temerariamente.
19	5.000 20.000	Por hacer competencia de velocidad entre vehículos.
20	1.000 8.000	No respetar los límites de velocidad.
21 III)	10.000	Adelantamiento sin visibilidad ocasionando peligro.
25	2.000 15.000	Variar el sentido de la marcha ocasionando peligro.
30	15.000	Adelantamiento en curvas sin visibilidad, no permitir éste o hacerlo de forma imprudente y temeraria.
40	10.000	Al encontrar obstáculo en el sentido de la marcha, por desplazarse al lado izquierdo impidiendo el libre paso de otro vehículo que avance en sentido contrario.
45 a)	5.000	Estacionarse en cambios de rasante o curva sin visibilidad.
48 III-c)	10.000	Obstaculizar la circulación ocasionando riesgo evidente.
48 V)	10.000	Dejar abandonados calzos en la calzada.
49 I-a)	2.000 20.000	No prestar asistencia en un accidente.
99	5.000	No guardar la distancia reglamentaria a vehículo que precede.
149 II)	2.500 10.000	No sustituir alumbrado de carretera por el de cruce.
151	10.000	Estacionarse en calzada no iluminada sin luces de situación.
174b) 2-3 / 174 c)	2.000 15.000	No respetar las señales luminosas. No respetar las señales de los agentes de circulación.
295 I)	15.000	No ceder el paso a otro vehículo en la entrada de autopista.
296 3)	10.000	Cambiar de carril interceptando el paso de otro vehículo.

Naturalmente, hay hospitales en todas las ciudades y los pueblos grandes de España, pero hay también 'Casas de Socorro' que tratan a las víctimas de accidentes de tráfico y otros casos de urgencia. Por las carreteras del país hay Puestos de Primeros Auxilios, mantenidos por la Cruz Roja Española. Aquí el conductor que sufre un accidente o que no se encuentra bien puede recibir tratamiento médico.

Si estás en España y te hace falta algún servicio público, como los bomberos o el hospital, puedes encontrar el número de teléfono en el periódico de la región, como se ve en este recorte de periódico de la región de Cáceres.

Did you understand?

Answer the following questions in English.

1 What are the three types of Spanish police?
2 What is distinctive about the Guardia Civil uniform?
3 What is the uniform of the Policía Nacional like nowadays?
4 How did they get the nickname 'los grises'?
5 What are the fines for the following offences:
  a) breaking the speed limit
  b) reckless or dangerous driving
  c) overtaking nitnar clear visibility
  d) letting people or animals hinder the driver's concentration
  e) racing other vehicles
6 What are 'Casas de Socorro' for?
7 Who maintain the roadside first-aid posts?
8 Which number would you ring if you wanted the following services?
  a) the fire brigade
  b) the bus station
  c) the ambulance service
  d) the blood bank
  e) the provincial hospital

TELEFONOS URGENTES

Comisaría de Policía, 091. Policía Municipal y grúa, 213839 y 211414. Bomberos, 224080. Estación de Autobuses, 220600. Parada de taxis en la avenida de España, 212292. Subsector de Tráfico de la Guardia Civil, 222167. Servicio de Urgencia de la Seguridad Social, 222373. Avisos a domicilio médico de cabecera y pediatría, 222372. Alcohólicos Nominativos, 225095. Casa de Socorro, 243038.

TELEFONOS DE INTERES

Hospital Provincial, 41089 Residencia Sanitaria S. S. 413650 y 413654; Ambulato S. S., 410550; Ambulancia 412307 y 413074; Banco Sangre, 413650 y 41365 Hermandad Donantes, 41511 Cruz Roja: Puesto socorr 413679 y sede asamblea loc. 411010; Parque de bombero 410080; Cuartel G. Civil, 41229 Destacamento de Tráfic 413358; Policía Municipa 410033; Policía Naciona 412918; Policía, 091; Estación d autobuses, 414550; Estación d FF. CC., 410049.

José: — ¿Número? Yo no sabía que las máquinas llevan número.
Empleado: — Siempre pasa lo mismo. Vamos a ver. ¿Cuántas fotos quedan del rollo?
José: — Pues, es un rollo casi nuevo. Saqué dos fotos en la Plaza Mayor. Creo que quedan treinta y dos o así.
Empleado: — Entonces, me parece que ésta es su máquina.
José: — Muchas gracias.
Empleado: — De nada. Otra vez vaya con más cuidado, señor.

Conversaciones

En la oficina de objetos perdidos

Empleado: — Buenos días. ¿En qué puedo servirle?
José: — Perdí una máquina fotográfica ayer. ¿La tiene aquí?
Empleado: — ¿Dónde la perdió exactamente?
José: — La dejé en un taxi en la Plaza Mayor.
Empleado: — ¿Qué marca es?
José: — Es una Kodak.
Empleado: — ¿Qué número tiene la máquina?

En la oficina del camping

Guardián: – Buenos días, señorita. ¿Quería usted algo?

Señorita: – Sí, señor. He perdido mi bolso. Creo que lo dejé en el restaurante anoche.

Guardián: – ¿Cómo es el bolso, señorita?

Señorita: – Es bastante grande y es de tela verde con un dibujo de un pájaro amarillo.

Guardián: – ¿Qué había en el bolso?

Señorita: – Pues muchas cosas: mi pasaporte, mi monedero, un pañuelo y mis gafas de sol.

Guardián: – Tiene usted suerte, señorita. Creo que tengo su bolso aquí. El camarero me lo dio esta mañana. Es éste, ¿verdad?

Señorita: – Sí, señor, ése es el mío. Muchas gracias. ¿Quiere usted dar esto al camarero?

Guardián: – ¿Por qué no se lo da usted cuando vuelva al restaurante. Mejor así, ¿no?

Señorita: – Sí, es verdad.

En la calle

Chico: – ¡Señor guardia, me han robado!

Guardia: – ¿Qué le han robado, joven?

Chico: – Una cartera.

Guardia: – ¿Cuándo ocurrió el robo?

Chico: – Hace unos diez minutos. Estaba tomando café en aquella cafetería de enfrente y un chico se acercó a la mesa, cogió la cartera y se fue corriendo.

Guardia: – ¿Por qué no le siguió usted?

Chico: – Porque subió a una moto donde le estaba esperando otro en la esquina de la calle y se fueron los dos a toda prisa.

Guardia: – ¿Tiene usted la matrícula de la moto?

Chico: – No. No la vi.

Guardia: – Y, ¿cómo era el chico que cogió su cartera?

Chico: – Pues, tenía unos veinte años, llevaba una cazadora roja y pantalones grises y tenía el pelo negro muy largo.

Guardia: – ¿Y el otro? ¿El de la moto?

Chico: – Bueno. Estaba muy lejos de mí, y no le vi muy bien. Lo siento.

Guardia: – Muy bien. Vamos a la comisaría. Tendrá usted que rellenar unos papeles.

En la tintorería

Chica: – Buenas tardes. ¿En qué puedo servirle?

Hombre: – ¿Puede usted limpiarme este traje?

Chica: – Claro que sí, señor. Estará listo mañana por la tarde.

Hombre: – Pero, mire, ¿puede usted quitar esta mancha de aquí?

Chica: – Vamos a ver. ¿De qué es la mancha?

Hombre: – No lo sé seguro. Estuve ayer en la playa y, cuando volví a casa, me di cuenta de que tenía esa mancha en el pantalón del traje.

Chica: – A lo mejor es una mancha de grasa. No sé por qué, pero hay mucha grasa en la playa estos días. Sí, se la podemos quitar, señor.

Hombre: – Y otra cosa también. Me parece que la cremallera está rota. ¿Puede usted arreglarla?

Chica: – Sí, señor, pero vamos a tardar un poco más de tiempo. El traje estará listo pasado mañana por la tarde. ¿Vale?

Hombre: – Perfecto. Adiós, y hasta pasado mañana.

Chica: – Adiós, señor.

¿Has entendido?

En la oficina de objetos perdidos

Answer the following questions.

1 What has the man lost, and where did he lose it?

2 What does he not know about cameras?

3 How does he identify his machine?

Now rewrite the dialogue with your partner to fit the following facts:
You left a British passport, No. 65118 on a bus in the Puerta del Sol yesterday.

Practise the new dialogue with your partner.

En la oficina del camping
¿Verdad o mentira?

1 La chica dejó su bolso en el bar del camping.

2 Es un bolso bastante grande de piel verde.

3 Había dinero y documentos oficiales en el bolso.

4 El guardián encontró el bolso en el restaurante.

5 La chica da una propina al guardián para el camarero que encontró su bolso.

Rewrite and correct the ones you have marked 'Mentira'.

En la calle

Contesta a las preguntas en español.

1 ¿Qué le ha pasado al joven?

2 ¿Qué le han robado exactamente?

3 ¿Qué pasó?

4 ¿Por qué no pudo el joven coger al ladrón?

5 ¿Cómo se escaparon los dos ladrones?

6 ¿Por qué no sabe el joven la matrícula de la moto?

7 ¿Cómo era el ladrón que cogió la cartera?

8 ¿Por qué no puede describir el joven al otro ladrón?

9 ¿Adónde fueron el guardia y el joven por fin?

En la tintorería

Answer the questions in English.

1 What does the man want cleaned?

2 When will it be ready?

3 What special problem does the garment present?

4 Where did he pick up the stain?

5 What other problem is there with the garment?

6 When will all the cleaning and repairs be completed?

Resumen

Pérdidas

¿Qué	te	pasó?
	le	

Perdí	el pasaporte.
	la cartera.
	la caña de pescar.
	la maleta.
	el paraguas.
	a mi hijo.
	las llaves.
	los cheques de viaje.

¿Dónde?	Creo que	lo	dejé	en el Metro.
		la		en el bar.
		los		en el restaurante.
		las		en la playa.
				en la habitación.
				en la cafetería.

¿Cómo es?	Es	bastante grande	y es de	cuero negro.
		muy grande		tela verde.
		bastante pequeño		oro.
		muy pequeño		plata.

¿Cómo son?   Son muy grandes.
             Son bastante grandes.

¿Es éste su	bolso?
	pasaporte?
	coche?
	paraguas?

¿Es ésta su	maleta?
	cartera?
	toalla?
	máquina fotográfica?

¿Son éstos sus	guantes?
	cheques de viaje?
	zapatos?

¿Son éstas sus	gafas de sol?
	llaves?
	sandalias?

¿Qué	te	han robado?	Todo mi dinero.
	le		Los cheques de viaje.
			El coche.
			La moto.
			Todo mi equipaje.

¿Dónde   estabas cuando te robaron?
         estaba usted cuando le robaron?

Estaba en la playa.   Estaba tomando el sol.
Estaba en el bar.   Estaba tomando una cerveza.
Estaba en el restaurante.   Estaba tomando la cena.
Estaba en mi habitación.   Estaba durmiendo.
Estaba en mi coche.   Estaba esperando al semáforo.

¿Cómo era el ladrón?

Era	bastante muy	alto; bajo; joven; viejo;	llevaba	un jersey amarillo un traje marrón una chaqueta azul	y tenía el pelo	negro muy largo. rubio muy corto. rojo rizado.

Arreglando cosas

¿Puede usted ¿Quiere usted	limpiarme	este traje? este vestido? esta falda? esta blusa?
	arreglarme	este reloj? estos zapatos? este coche? esta máquina fotográfica?
	lavarme	esta camisa? estos pañuelos? esta ropa interior? estos calcetines?

¿Cuándo	estará estarán	listo (a)? listos (as)?	Mañana	por la mañana. por la tarde. por la noche. a las tres de la tarde.

Pasado mañana por la mañana.
Dentro de tres días.
La semana que viene.

Actividades

Cada oveja con su pareja
(Primera parte)

¿Qué te pasó?

Con las preguntas, descubre lo que le pasó a tu compañero, y luego contesta a las suyas según los símbolos.

¿Qué te robaron?
¿Dónde te la robaron?
¿A qué hora te la robaron?
¿Qué estabas haciendo?
¿Quién te robó la máquina?

Cada oveja con su pareja
(Segunda parte)

Look at the photo and select an item which you might have lost. Try to recover it by answering correctly your partner's questions. You will find the following questions useful, but you may have to miss some out and make up others.

¿Qué perdiste exactamente?

¿Dónde lo/la/los/las perdiste?

¿Cómo es/son?

¿De qué color es/son?

¿De qué es/son?

¿De qué marca es?

¿Es inglés (a)?

¿Son ingleses (as)?

¿Qué contiene?

¡Qué problema!

Select one of the objects in the picture and arrange to have it repaired or cleaned. Find out when it will be ready and how much it will cost. Your partner will answer your questions.

Cada oveja con su pareja
(Primera parte)

¿Qué te pasó?

Con las preguntas, descubre lo que le pasó a tu compañero, y luego contesta a las suyas según los símbolos.

¿Qué perdiste?
¿Dónde lo perdiste?
¿Cuándo lo perdiste?
¿Qué estabas haciendo?
¿Fuiste a la comisaría?

¿Qué se dice?

Work out with your partner what would be the most appropriate phrase to utter in Spanish in the following situations:

1 Tu profesor de español os pone muchos deberes para el fin de semana.
2 Tu padre te da veinte libras para gastar en discos.
3 Cuando sales de casa por la mañana, ves que hace mucho sol.
4 Tu amigo rompe tu disco favorito.
5 Tus padres no te dejan salir por la tarde.
6 Un chico entra en clase y ves que tiene el pelo verde.
7 Cuando llega el momento de pagar en el café, tu amigo te dice que no tiene dinero.
8 Tu madre te dice que tienes que fregar los platos si quieres ver la televisión.
9 Quieres salir pero está lloviendo a cántaros.
10 Un amigo te dice que acaba de volver de la América del Sur.

Ejercicios

Ejercicio número uno

¿Qué te pasó?

Ejemplo: ¿Dónde perdiste el bolso? ¿En el parque?
Eso es; lo perdí en el parque.

1 ¿Dónde viste a tu hermano? ¿En la piscina?
2 ¿Dónde encontraste el gato? ¿En el árbol?
3 ¿Dónde compraste esos discos? ¿En Discomundo?
4 ¿Dónde conociste a la chica? ¿En la discoteca?
5 ¿Dónde dejaste el paraguas? ¿En el autobús?

Ejercicio número dos

¡Déjame en paz!

Tú estás haciendo la maleta para ir de vacaciones a casa de tus tíos, y tu madre te quiere ayudar. Contesta a sus preguntas.
Ejemplo: ¿Tienes el billete para el autocar?
Sí, me lo diste esta mañana.

1 ¿Tienes la camisa nueva?
2 ¿Tienes los regalos para los tíos?
3 ¿Tienes las sandalias que te compré?
4 ¿Tienes una toalla para la playa?
5 ¿Tienes el traje de baño?

Ejercicio número tres

¿Por qué no lo hiciste?

Contesta a las preguntas siguientes, diciendo dónde estabas y qué estabas haciendo allí.
Ejemplo: ¿Por qué no cogiste el teléfono?
Estaba en el cuarto de baño. Me estaba duchando.

1 ¿Por qué no viniste a buscarme?
2 ¿Por qué no viste el programa de televisión?

3 ¿Por qué no hiciste los deberes?

4 ¿Por qué no escribiste la carta?

5 ¿Por qué no me llamaste por teléfono?

Ejercicio de comprensión

¿Comprendes bien el español hablado?

Nada más que problemas
Escucha las conversaciones siguientes y, después de cada una, escribe en inglés el problema que tiene la primera persona que habla y lo que va a hacer la otra persona.

Lectura

Lee con cuidado esta carta escrita al director de un hotel en España y la contestación que el director manda al cliente. Luego contesta a las preguntas en inglés.

Calle de Moratín, 23, 1° dcha.
Valencia.
25 de agosto de 1986

Estimado señor Director:

Pasé la noche del día quince de este mes en su hotel con mi esposa, y ella cree que dejó un collar de oro en la habitación. Era la habitación número quince, y mi esposa cree que dejó el collar en la mesilla de noche al lado de la cama. El collar no tiene gran valor intrínseco, pero tiene un gran valor sentimental porque era de su abuela.

Si tiene el collar, ¿querría ser tan amable de mandármelo a la dirección que figura a la cabeza de esta carta? Por supuesto que le devolveré los gastos de correo.

Le saluda atentamente,

Miguel Hernández.

Hotel Bretón
TORDESILLAS

28 de agosto de 1986

Estimado señor Hernández:

En contestación a su atenta carta escrita de fecha 25 de agosto, tengo el gusto de decirle que encontramos el collar de su esposa en la habitación por la mañana del día en que se marcharon ustedes. Se lo voy a enviar por correo aparte, y no hace falta que devuelva usted los gastos de correo.

Sin otro particular, aprovecho la ocasión para saludarle muy atentamente.

Pedro M. Vincent.

1 When did Miguel Hernández stay at the Hotel Bretón?

2 What did his wife leave behind?

3 In which room and where exactly in the room did she leave it?

4 Why is the object important to her?

5 What does Miguel Hernández want the manager to do with the object if he has it?

6 What does Miguel Hernández promise to do?

7 When was the object found?

8 What will the manager do with it?

9 What does the manager say about postage costs?

Now, imagine you have spent the night of 18 February at the Hotel Imperial in Barcelona in Room 156 and when you arrive home discover that you have left a green silk dressing gown (una bata de seda) hanging on the bathroom door. Can you write a letter to the manager asking him to send it to you? (You may find that some of the sentences in Miguel Hernández's letter will help you.)

Gramática

1 Talking about the past: the use of the Imperfect, Imperfect Continuous and Preterite

Tenses   *See page 145*

a) Use the Imperfect to describe, or say what used to happen.
Era alto y delgado y vivía en aquella calle.
He was tall and slim and used to live in that street.

b) Use the Imperfect Continuous to say what was happening.
Estaba esperando en la esquina de la calle.
He was waiting at the corner of the street.

c) Use the Preterite to say what happened only once.
Subió al coche y se fue a toda prisa.
He got into the car and made off at full speed.
Era alta y delgada y, cuando la vi, estaba tomando café.
She was tall and slim and, when I saw her, she was having a coffee.

2 Using pronouns   *See page 142*

Remember that pronouns replace nouns and are usually placed before the verb in the order Indirect-Direct-Verb. They must be placed on the end of the positive Imperative (Démelo. – *Give it to me.*), and can be placed on the end of the Infinitive and the Present Participle (Voy a dártelo – *I'm going to give it to you*; Estoy explicándote – *I'm explaining it to you.*)

If two Third Person pronouns are used, the first one changes to *se*.

Se lo voy a dar.
I'm going to give it to you.

Vocabulario

acercarse (a) *to approach*
bombero (m) *fireman*
cazadora (f) *anorak*
comisaría (f) *police station*
correo (m) *post, mail*
dejar *to leave, leave behind*

devolver *to return, give back*
gastos (m.pl.) *costs, expenses*
gorra (f) *cap, helmet*
grito (m) *cry, shout*
incendio (m) *fire*
listo *ready*
llover a cántaros *to pour with rain*
mancha (f) *stain*
matrícula (f) *number (of car, bike)*
multa (f) *fine*

pasillo (m) *corridor*
porra (f) *truncheon*
quitar *to remove, take off, take away*
recorte (m) *newspaper cutting*
rollo (m) *roll (film)*
ropa interior (f) *underwear*
seguir (i) *to follow*
tintorería (f) *drycleaner's*

Un buen repaso

Primera parte: vamos a hablar

Actividades

¿Quién eres tú?

Find out all you can about the identity of your partner and/or teacher. Start with these questions, but write another six of your own before you begin.

1 ¿Cuál es tu apellido?
2 ¿Cuántos años tienes?
3 ¿Cuántas personas hay en tu familia? ¿Quiénes son? ¿Cuántos años tiene tu madre?
4 ¿Vives cerca del colegio?
5 ¿Cómo es tu casa?
6 ¿Quieres describir tu dormitorio?

Mi vida en el colegio

Make up what would be for you the ideal timetable. You must include the full range of your school subjects – inglés, francés, matemáticas, historia, geografía, química, física, biología, deportes, dibujo, arte, etc. – but you can have what you like, when you like and as often as you like. Then find out from your partner what he or she is doing at any particular time and how well he or she likes it.

Ejemplo: ¿En qué clase estás el lunes a las diez de la mañana?
Estoy en la clase de francés.
¿Te gusta esa clase?
No, la encuentro muy aburrida./Sí, para mí es muy interesante.

El fin de semana pasado

Write out a diary page of where you were and what you were doing last Saturday and Sunday. Saturday morning is written out to act as a guide.

Sábado

9	Me levanté.
10	Salí de casa.
11	Llegué a casa de mi amigo.
11.30	Fui de compras a la ciudad.
12.30	Comí en casa.

Then find out what your partner did last weekend, using questions such as:

¿A qué hora te levantaste el sábado?

¿Qué tomaste para el desayuno?

¿A qué hora saliste de casa?

¿Adónde fuiste?

¿Qué hiciste por la tarde?

¿A qué hora te acostaste el sábado?

Then write down briefly, in English, how your partner spent the weekend.

Hablando de fotos

Descubre todo lo que puedas de la foto de tu compañero, utilizando preguntas tales como: ¿Hay personas en la foto? ¿Cuántas personas hay? ¿Son hombres o mujeres? ¿Son chicas o chicos? ¿Están en la calle o en casa? ¿Qué están haciendo allí?

Luego escribe en inglés lo que hay en la foto de tu compañero y compara tu descripción con la foto.

¿Te gusta o no?

Descubre lo que le gusta a tu compañero.

1 ¿Qué te gusta beber cuando hace mucho calor?

2 ¿Te gusta el español?

3 ¿Te gusta este colegio?

4 ¿Qué te gusta llevar cuando estás de vacaciones?

5 ¿Cuál de tus asignaturas te gusta más?

6 ¿Cuál no te gusta nada?

7 ¿Qué te gusta hacer cuando hace mucho frío y no puedes salir?

8 ¿Te gusta el uniforme de este colegio?

9 ¿Te gustan los discos de Julio Iglesias?

10 ¿Te gustan los animales? ¿Cuál te gusta más?

¿Qué te gustaba cuando eras más joven?

Descubre lo que le gustaba a tu compañero cuando tenía sólo doce años.

1 ¿Te gustaba ir al colegio?

2 ¿Te gustaban todas las asignaturas que estudiabas?

3 ¿Qué te gustaba hacer durante tus ratos libres?

4 ¿Te gustaban los caramelos?

5 ¿Qué te gustaba más, leer o ver la televisión?

6 ¿Te gustaba la ropa que te compraban tus padres?

7 ¿Qué te gustaba hacer los fines de semana?

8 ¿Te gustaba el español?

9 ¿Cuál de tus asignaturas te gustaba más?

10 ¿Cuál no te gustaba nada?

Ahora te toca a ti

Cada oveja con su pareja

A young Spaniard arrives at your school. Find
out what you can about him or her using the
following questions. Then answer your partner's
questions, using the information given.

¿Cómo te llamas?

¿Cuántos años tienes?

¿De dónde eres?

¿Dónde está esa ciudad?

¿Cuándo llegaste a Inglaterra?

¿Te gusta Inglaterra?

¿Por qué estás aquí?

¿Cuándo empezaste a estudiar el inglés?

¿Lo encuentras difícil?

¿Cuándo vas a volver a España?

> Eres Pepa Martínez, una chica de quince años, y
> vives en Bilbao, una ciudad grande del norte de
> España. Llegaste a Inglaterra, país que te gusta
> bastante, hace tres días para visitar a tu primo.
> Empezaste a estudiar el inglés en el colegio hace
> seis años, y encuentras el vocabulario bastante
> difícil. Esperas pasar un mes en casa de tu primo.

Role-plays

Work the following role-plays with your partner.
One of you is **A** and the other **B**.

En el avión

A: Ask at what time the flight arrives in
Granada.

B: Tell your partner you will arrive at 2p.m.

A: Ask if the steward knows what the weather is
like in Granada.

B: Tell your partner the weather is fine and
sunny.

A: Ask if it is possible to hire a car at the airport.

B: Tell your partner that it is possible.

En el camping

A: Ask if there is room on the campsite.

B: Tell your partner there is plenty of room. Ask
how many there are in the group and what
equipment they have.

A: Explain that there are five people and you
have two tents and a large car.

B: Tell them to pitch under the trees near the
supermarket.

A: Ask if the site has a restaurant.

B: Tell your partner that there is a very good
restaurant overlooking the sea.

En la farmacia

A: Ask for something for a headache.

B: Offer your partner OKAL, and recommend it.
Ask if anything further is needed.

A: Ask for something for sunburn.

B: Offer a tube of cream and give the price.

A: Ask the total price, pay and leave.

En la oficina de objetos perdidos

A: Say you have lost an umbrella and ask if it has
been handed in.

B: Ask where the umbrella was lost exactly.

A: Say you left it on a Number 35 bus the day
before.

B: Ask whether it is a ladies' or gentlemen's
umbrella.

A: Say it is a ladies'.

B: Ask for a description.

A: Say it is of yellow nylon.

B: Hand over the umbrella.

A: Thank the attendant and leave.

Hablando de fotos

Descubre todo lo que puedas de la foto de tu compañero, utilizando preguntas tales como: ¿Hay personas en la foto? ¿Cuántas personas hay? ¿Son hombres o mujeres? ¿Son chicos o chicas? ¿Están en la calle o en casa? ¿Qué están haciendo allí?

Luego escribe en inglés lo que hay en la foto de tu compañero y compara tu descripción con la foto.

Cada oveja con su pareja

A young Spaniard arrives at your school. Find out what you can about him or her using the following questions. Then answer your partner's questions, using the information given.

¿Cómo te llamas?

¿Cuántos años tienes?

¿De dónde eres?

¿Dónde está esa ciudad?

¿Cuándo llegaste aquí?

¿Te gusta Inglaterra?

¿Por qué has venido a Inglaterra?

¿Estudias el inglés en el colegio?

¿Es difícil para ti el inglés?

¿Cuánto tiempo vas a pasar aquí?

Eres Juan Muñoz, un chico de dieciséis años y vives en Badajoz, una ciudad en el sudoeste de España. Llegaste a Inglaterra, país que te gusta mucho, hace dos días para estudiar el inglés. Empezaste a estudiar el inglés hace cuatro años, pero todavía encuentras la gramática difícil. Vas a pasar unas tres semanas en Inglaterra.

Segunda parte: vamos a escuchar

¿Verdad o mentira?

Listen carefully and mark each sentence True or False.

¿Qué pasa?

You are in Spain and are tuning the radio. Write down in English the types of programme you pick up.

¡Oiga!

Joan is staying with her penfriend in Spain. She is alone in the house when the phone rings and she answers it. She is asked to take a message and makes some notes in English so that she can tell her penfriend the message when she comes in. Can you do the same? (There are three parts to the message.)

Tercera parte: vamos a leer

¿Qué significa eso?

You are on holiday with some friends in Spain and are the only one of the group who understands Spanish. Naturally, your friends ask you what things mean. Look at the photos of notices, etc. and write down what you would tell them.

1 RUTA PICOS DE EUROPA

Martes, jueves y sábados   Salida
Sardinero, Plaza de Italia   8,00
Banco de España   8,15

Paisajes impresionantes, por la zona más agreste de la provincia, y la especial oportunidad de venerar al mayor trozo de la Cruz de Cristo.

UNQUERA.—En el límite con Asturias, breve parada y desayuno (facultativo).

POTES.—Capitalidad de la fértil región de Liébana, la Torre del Infantado, hoy Ayuntamiento, es su más representativo y valioso monumento.

SANTO TORIBIO DE LIEBANA.—En la falda del Monte Biorna, ante el paisaje esplendoroso de los Picos de Europa, se alza el Monasterio, en donde se conserva y venera el Lignun Crucis.

FUENTE DE.—Al pie del Macizo Oriental de los Picos de Europa, un teleférico salva los 800 metros de pared rocosa, para trasladarse en cómodo y emocionante «vuelo» hasta las estribaciones de Peña Vieja. (La ascensión en el teleférico es facultativa, y sujeta a la posibilidad del horario).

SAN VICENTE DE LA BARQUERA.—Puerto de pescadores de típico ambiente, con paisaje de belleza excepcional. Recomendamos sus típicas «sardinas asadas».

Precio, transporte y guía, 750 ptas.

2 RUTA COSTA ESMERALDA

Domingo   Salida
Sardinero, Plaza de Italia   9,00
Banco de España   9,15

CASTRO URDIALES.—Por la mañana a disfrutar de su simpática playa. El almuerzo es libre, saliendo a continuación para Laredo.

LAREDO.—En su antiguo puerto desembarcó Carlos V. Contrasta su típica parte vieja, con la modernidad de su ensanche, que hace que esta pujante villa sea llamada la capital de la «Costa Esmeralda».

Precio, transporte y guía, 600 ptas.

3 RUTA DEL ARTE Y EL PAISAJE

Lunes, miércoles y viernes   Salida
Sardinero, Plaza de Italia   15,30
Banco de España   15,45

Ruta en la que se estudia nuestro pasado histórico, complementando la tarde con la visita a pujantes realizaciones de nuestros tiempos.

SANTILLANA DEL MAR.—Villa monumento Nacional, donde se suceden los palacios, torres y casas hidalgas, con los escudos de sus señores. Destaca la Colegiata del siglo XII, cuyo claustro es una maravilla del arte románico.

Precio, transporte y guía, 600 ptas.

4 RUTA DE ALTA MONTAÑA Y CAZA

Jueves   Salida
Sardinero, Plaza de Italia   8,00
Banco de España   8,15

REINOSA.—Capital de la comarca de Campóo, primera ciudad que baña el histórico río Ebro.

FONTIBRE.—Breve parada para visitar el nacimiento del río Ebro.

BRAÑA VIEJA (ALTO CAMPOO).—Estación invernal, un Telesilla (costo incluido en el precio de esta excursión), permite ascender hasta la cima del Pico Tresmares (2.175 m.).

BARCENA MAYOR.—Antiquísimo pueblo de la Reserva Nacional de Caza del Saja. Estrechas y empedradas callejas, con casonas de típica arquitectura montañesa.

Precio, transporte y guía, 600 ptas.

LAS NOCHES DE SANTANDER

En las embrujadas noches de Santander, Vd. podrá alternar el tipismo montañés con la elegancia cosmopolita de su ambiente.

BARRIO PESQUERO.—Comprenderá por qué a los gatos les atrae tanto el olor de las sardinas.

BODEGA RIOJANO.—«Cazoleteo» y «Picoteo» en una típica bodega del Río de la Pila.

LA BOHEMIA.—Música y copa en el agradable ambiente del piano-bar.

GRAN CASINO DEL SARDINERO.—Dentro del majestuoso marco de su edificación, encontrará el visitante la posibilidad de satisfacer las curiosidades que entrañan su embrujado juego; y si quiere probar suerte, también dispondrá de varias ruletas americanas, ruletas francesas, Black Jack, máquinas tragaperras, etc.

Salida: Lunes, miércoles y jueves.
Lugar: Sardinero, Plaza de Italia, 20,45.
       Banco de España, 21.
Precio: 875 Ptas.

Cit

CENTRO DE INICIATIVAS TURISTICAS DE LA PROVINCIA DE SANTANDER

Castelar, n.° 5, 1.°   Teléfono 21-60-54   Santander

¿Adónde quieres ir?

Your friends get hold of a tourist brochure and ask you about the various excursions. Look at the brochure and answer their questions.

1 What are the four excursions on offer?

2 When can you visit the Peaks of Europe?

3 What do you do in Unquera?

4 What have they got at the Monastery of Santo Toribio de Liebana?

5 What is recommended in San Vicente de la Barquera?

6 What can you do in Castro Urdiales and what is special about lunch there?

7 What is interesting about Santillana del Mar?

8 What can you do in Fontibre?

9 What can you do in Braña Vieja, and why is it particularly attractive?

10 What is Pico Tresmares and what information are you given about it?

Cartas de España

Read the following official
letters received from Spain and
write down briefly what each is
saying.

Secretaría de Estado de Turismo
Dirección General de Promoción del Turismo
SERVICIO DE PUBLICIDAD E INFORMACIÓN DE TURISMO

Madrid, 15 de diciembre de 1.983.

Nos complace comunicar a Vd. que su carta
del 10/11/83
Oficina de   LONDRES   ha sido remitida a nuestra
tamente la documentación deseada.   que le enviará direc-
        En el caso de que precise más datos de los
que ahora reciba, le rogamos se dirija de nuevo a -
la Oficina indicada cuya dirección es la siguiente:

OFICINA NACIONAL ESPAÑOLA
DE TURISMO
57-58 St. James Street
LONDRES-SW-1A-ILD

        Muy agradecidos por su interes, le saluda
mos atentamente.

EL JEFE DE LA SECCION DE
INFORMACION TURISTICA

MINISTERIO DE EDUCACION Y CIENCIA

SECRETARIA GENERAL TECNICA

MINISTERIO DE EDUCACION Y CIENCIA
Secretaría General Técnica
Sec. de Información, Bibliotecas y Reglamentos
1 2 DIC. 1983

SALIDA

L

N/Ref. 83.11/126/16-CLA-AP
S/Ref. 10-11-83

Información solicitada:

        Interés en Publicaciones

Contestación de la Sección:

        Adjunto se le remite Catálogo de Publicaciones del Ministerio
de Educación y Ciencia, donde figuran las publicaciones que edita este
Departamento.
        Aquellas que sean de su interés podrá solicitarlas, mediante -
reembolso, del Servicio de Publicaciones sito en la Ciudad Universitaria
de Madrid.

GENERALITAT DE CATALUNYA
DEPARTAMENT D'ENSENYAMENT
ESCUELA OFICIAL DE IDIOMAS
CURSOS DE VERANO (ESPAÑOL)
Avda. de les Drassanes, s/n.
BARCELONA
ESPAÑA

Estimados señores:

Les rogamos pongan a disposición de las posibles personas interesadas, la información adjunta sobre los Cursos de Español que esta Escuela Oficial de Idiomas organizará para los extranjeros durante el presente Curso.

Con gracias anticipadas,   El Coordinador,

Mahon, 18 de Noviembre de 1983

Muy Señor mio,

Acusamos recibo de su carta con fecha 10 de Noviembre y le agradecemos por su interes.

Estos dias transmitiremos su carta a nuestro señor Massanes, relaciones publicas, que se ocupara el-mismo de proporcionarle rapidamente las informaciones deseadas.

Sin otro particular aprovechamos la ocasión para saludarle muy atentamente

PEDRO MIR VINENT.

P.P.
Brigitte Morris
(secretaria).

Cuarta parte: vamos a escribir

Lee con cuidado la carta siguiente, y luego escribe una
contestación a tu amiga española.

-2-

y te dije en mi última carta que íbamos mi familia y yo a pasar las vacaciones en la playa cerca de Valencia. Pues fuimos a Cullera que es un pequeño pueblo muy bonito a unos cincuenta kilómetros al sur de Valencia y lo pasamos bomba. Queríamos ir a un hotel, pero todos los hoteles estaban completos y, por eso, tuvimos que hacer camping. ¿Adónde fuiste tú de vacaciones? ¿Fuiste con tu familia o con amigos? ¿Hiciste camping como nosotros o fuiste a un hotel? En Cullera nos hizo un tiempo magnífico y fuimos todos los días a la playa. ¿Qué tiempo te hizo durante tus vacaciones? ¿Fuiste a la playa o a la montaña? ¿Cómo pasaste el tiempo? Antes de volver a Madrid, compré unos regalos para mis amigos y mis parientes. ¿Volviste tú de tus vacaciones con recuerdos? Mi mejor recuerdo es un chico que conocí en Cullera, pero de esto te voy a contar cosas en mi próxima carta.

Un abrazo muy fuerte.
Tu amiga madrileña,
Pepita.

¿Qué hicieron?

Mira las fotos y escribe lo que hicieron los chicos.

Ejemplo: Los jóvenes se reunieron en la plaza.
Hacía buen tiempo . . .

Quinta parte: vamos a jugar

¿De qué se habla?

1 . N . . N: El lugar donde se espera el tren.
2 . . RR . . . RR . . : Sistema de transporte basado en el tren.
3 . R . . . R . : Una de las clases en las cuales se puede viajar en tren.
4 . A . . . A: Después de bajar del tren el viajero se dirige aquí.
5 . OR . R . . : Lo que se mira para saber las horas de las salidas y de las llegadas.
6 . . LL . . . : No se puede viajar sin antes sacar esto.
7 . . N . . . N . : Aquí se pueden dejar las maletas.
8 . A . . . . . A: Aquí se saca el billete en una estación del ferrocarril.

Sopa de letras: los ferrocarriles españoles

Busca en la sopa de letras las palabras que hacen falta para completar las frases.

S	B	O	N	O	T	N	E	I	S	A
P	I	N	A	L	L	I	U	Q	A	T
E	L	E	C	T	R	O	T	R	E	N
S	L	X	Q	Z	P	G	D	E	X	E
A	E	M	N	A	B	L	M	T	P	D
L	T	A	I	V	N	A	R	T	Q	N
C	E	R	K	U	T	T	R	I	D	A
P	R	E	S	E	R	V	A	M	C	I
K	D	N	O	L	E	N	T	O	L	V
M	A	F	I	T	R	E	N	O	O	P
L	D	E	J	A	I	V	C	C	Z	R

1 El nombre que se da a los trenes eléctricos es el . . . .
2 El . . . es el tren más rápido de España.
3 'El tren con destino a Cáceres saldrá del . . . tres, . . . cinco.'
4 El Tren Español Rápido se llama también el . . . .
5 'Un billete de ida y . . . para Zamora.'
6 '¿En qué . . . ? ¿Primera o segunda?'
7 Antes de tomar el tren, hay que sacar el . . . .
8 De Madrid a Segovia no es un . . . muy largo.
9 La compañía que dirige los ferrocarriles es la . . . . .
10 Si quieres estar seguro de tener un asiento, es mejor hacer una . . . .
11 Para viajes largos, es mejor ir en avión que en . . . . .
12 '¿Está libre este . . . ?'
13 El tranvía es un tren bastante . . . .
14 Los billetes se sacan en la . . . .

Cruzigrama

Coloca las palabras en los cuadrados. Las palabras siguen el sentido de las flechas.

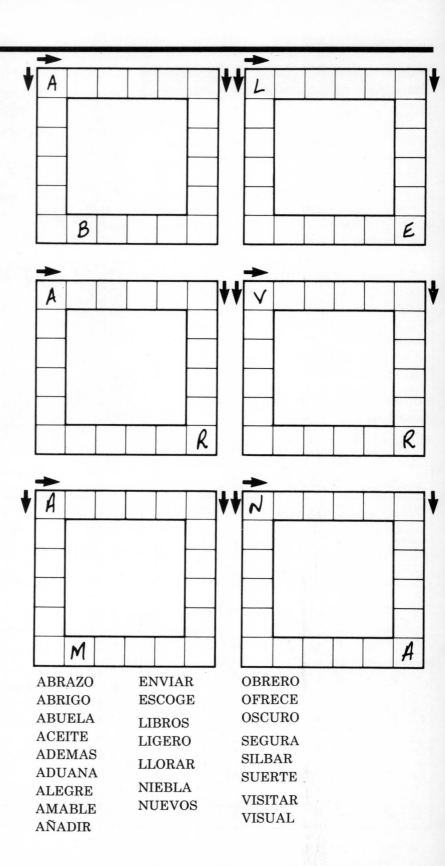

ABRAZO	ENVIAR	OBRERO
ABRIGO	ESCOGE	OFRECE
ABUELA	LIBROS	OSCURO
ACEITE	LIGERO	SEGURA
ADEMAS	LLORAR	SILBAR
ADUANA		SUERTE
ALEGRE	NIEBLA	
AMABLE	NUEVOS	VISITAR
AÑADIR		VISUAL

Laberinto

¿Por qué te gustaría trabajar de maestra en una escuela?

Busca la respuesta a esta pregunta en el laberinto. Empieza donde quieras, y junta las sílabas, desplazándote en cualquier sentido: horizontal, vertical o diagonal.

POR	TAR	ES	TA
CON	QUE	ME	CAN
LOS	MUY	JÓ	EN
ÑOS	NI	VE	NES

Ruedas de palabras

Cada rueda de círculos forma una palabra, empezando en el círculo marcado, y moviéndose en el sentido de las agujas del reloj.

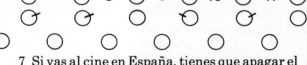

1 Lo que se toma en España sobre las dos y media.

2 Un sillón necesita ser muy . . . .

3 Antes de comprar muebles, es importante saber cuánto va a . . . .

4 La . . . es un ingrediente de una tortilla española.

5 El TER es un tren muy . . . .

6 Para comprar un coche, hace falta mucho . . . .

Quiz ¿Qué sabe usted de Méjico?

Escoge la respuesta correcta.

1 La tribu más importante de Méjico en el siglo dieciséis era:
 a) los incas b) los aztecas c) los apaches.

2 El emperador de esta tribu se llamaba:
 a) Moctezuma b) Atahualpa c) Yucatán

3 Su capital se llamaba:
 a) Guadalajara b) Texaco c) Tenochtitlán.

4 El jefe de los conquistadores españoles era:
 a) Hernán Cortés b) Francisco Pizarro
 c) Bernal Díaz.

5 Popocatépetl es:
 a) un lago b) una fruta c) un volcán.

6 Méjico tiene frontera con:
 a) Honduras b) Nicaragua
 c) Guatemala.

7 El Río Grande está al:
 a) norte b) sur c) este.

8 Al nordeste de Méjico se encuentra:
 a) California b) Texas c) Florida.

9 La capital de Méjico se llama:
 a) Méjico D.C. b) Méjico D.F. c) Puebla.

10 Acapulco es un famoso:
 a) lago b) centro turístico c) volcán.

11 Las montañas más altas del país se llaman:
 a) la Sierra Grande b) la Sierra Nevada
 c) la Sierra Madre.

12 El jefe político de Méjico es:
 a) el rey b) el presidente
 c) el gobernador.

7 Si vas al cine en España, tienes que apagar el cigarrillo antes de . . . .

8 Abajo están los servicios, . . . está la cafetería.

9 Las llamadas telefónicas se pueden hacer desde una . . . .

10 Jersey con botones.

11 Una . . . puede ser alcohólica o no.

Dame dinero y no me des consejos

Aims

1 Going to a bank in Spain

2 Obtaining services in a Post Office, and using the telephone

3 Saying what you want other people to do

Frases clave

1 En el banco

¿Está abierto el banco?
Is the bank open?

Sí, las horas de caja son desde las diez hasta la una y media.
Yes, opening hours are from ten until half past one.

¿Puedo cambiar cheques de viaje aquí?
Can I change traveller's cheques here?

Sí, el departamento de extranjeros está arriba.
Yes, the Foreign Department is upstairs.

¿Cuánto vale la libra esterlina hoy?
What is the pound worth today?

Vale doscientas catorce pesetas
It's worth two hundred and fourteen pesetas.

¿Tiene su pasaporte? ¿Quiere firmar aquí?
Have you got your passport? Will you sign here?

2 En Correos

¿Cuánto vale mandar una tarjeta postal a Inglaterra? Vale treinta pesetas.
What does it cost to send a postcard to England? It costs thirty pesetas.

Déme seis sellos de treinta pesetas, por favor.
Give me six thirty-peseta stamps, please.

3 Al teléfono

¿Hay aquí cabinas telefónicas?
Are there any telephone kiosks here?

Desearía telefonear a Londres.
I'd like to telephone London.

¿Cuánto cuesta una llamada telefónica a Edimburgo?
How much does a telephone call to Edinburgh cost?

¿Me da la guía telefónica de Barcelona?
Could you give me the telephone directory for Barcelona?

La comunicación se ha cortado. ¿Tendría la amabilidad de ponerla de nuevo?
The call has been cut off. Would you kindly reconnect me?

Está comunicando.
It's engaged.

4 ¿Qué quiere usted que haga?

¿Qué quieres que te compre? Quiero que me
compres un disco.
*What do you want me to buy for you? I want you to
buy me a record.*

¿Adónde quiere usted que vaya? Quiero que
usted vaya a Correos.
*Where do you want me to go? I want you to go to the
Post Office.*

¿A qué hora quieres que vuelva? Quiero que
vuelvas a las siete.
*What time do you want me to return? I want you to
return at seven.*

Informaciones

El dinero español

Al teléfono

Hace muchos años los teléfonos públicos en
España funcionaban con fichas como las que se
ven en la foto.

Las fichas se vendían en bares y en Correos y, sin
una ficha, era imposible usar el teléfono. Ahora
los teléfonos públicos funcionan con monedas,
son rápidos, eficientes y modernos y puedes
llamar desde una cabina telefónica a casi
cualquier ciudad del mundo. He aquí las
instrucciones para el uso del teléfono en España:

INSTRUCCIONES PARA EL USO DEL TELEFONO DURANTE SU ESTANCIA EN ESPAÑA

SERVICIO AUTOMATICO (1)

1. Descuelgue el microteléfono y espere la señal para
marcar.

**2. Llamadas urbanas e interurbanas dentro
de la misma provincia:** Marque el número deseado.

3. Llamadas interurbanas:
Marque el prefijo de la ciudad a la cual va destinada la
llamada, y a continuación el número del abonado deseado.

4. Llamadas internacionales:
Marque el 07. Espere un segundo tono más agudo que el
normal. A continuación el indicativo del país hacia el cual
va encaminada la llamada (*), seguido del de la ciudad(**)
y del número del abonado deseado.

(*)Consulte la relación de indicativos de países en la página 5.
(**) Si el número nacional del abonado de destino
empieza por (0) recuerde que este dígito debe omitirse
al marcar.
(1) Este servicio podrá obtenerlo desde los locutorios o
desde las cabinas marcadas con el siguiente rótulo:
teléfono

DESDE DONDE TELEFONEAR

Cuando llegue a nuestro país, siempre hallará un teléfono
cerca de Vd. Ya en el aeropuerto, al bajar del avión,
encontrará un locutorio o cabinas telefónicas desde las
que podrá marcar automáticamente su conferencia o
solicitarla a la operadora.
En los hoteles, bastará que descuelgue el microteléfono de
su habitación y solicitar de la operadora del hotel que le
ponga con el teléfono deseado. Desde algunos hoteles
podrá hacerlo automáticamente.
Si no se encuentra en el hotel, o no quiere llamar desde
allí, puede hacerlo desde un locutorio telefónico. En cada
ciudad puede encontrar más de uno, pero nosotros le
indicamos a continuación el más céntrico de cada
población por si le resulta más cómodo dirigirse a él.

Did you understand?

1 How much is a 'duro' worth?
2 How much is the smallest Spanish coin worth?
   And the biggest?
3 Which coin would you give if asked for 'veinte
   duros'?
4 What do you dial if you are making a local call?
5 What additional number must you dial for an
   inter-city call?
6 What do you dial first for an international call?
7 What other three sets of numbers must you dial
   for an international call?
8 When do you miss out '0'?

Conversaciones

En el banco

Cliente:	– Buenos días. ¿Puedo cambiar cheques de viaje aquí?
Empleado:	– Sí, señor. ¿Dólares o libras esterlinas?
Cliente:	– Libras esterlinas.
Empleado:	– Y, ¿cuántas libras quiere cambiar?
Cliente:	– Cincuenta libras. ¿Cuánto vale la libra hoy?
Empleado:	– Vamos a ver . . . Vale doscientas dieciocho pesetas. Ha subido un poco desde ayer.
Cliente:	– ¡Qué bien!
Empleado:	– ¿Me deja su pasaporte, por favor?
Cliente:	– Aquí tiene usted.
Empleado:	– ¿Quiere firmar aquí? Gracias. Y ahora si va usted a la ventanilla número cinco, le darán su dinero.
Cliente:	– Gracias. Adiós.
Empleado:	– Adiós, señor.

En el hotel

Cliente: – ¿Tiene la cuenta de la habitación número ciento treinta y seis, por favor?

Recepcionista: – Aquí tiene usted, señorita. Veinticinco mil novecientas pesetas.

Cliente: – ¿Aceptan ustedes cheques?

Recepcionista: – Lo siento, señorita, pero no se admiten cheques personales.

Cliente: – Pero es uno de esos eurocheques.

Recepcionista: – Entonces, sí, señorita. ¿Tiene usted su tarjeta?

Cliente: – Sí, aquí tiene usted.

Recepcionista: – ¿Quiere firmar el cheque, y poner el número de la tarjeta también?

Cliente: – Muy bien. ¿Vale así?

Recepcionista: – Perfecto. Muchas gracias, señorita. Adiós, y buen viaje.

En Correos

Cliente: – Buenas tardes. ¿Cuánto vale mandar una carta a Nueva York?

Empleado: – Vale cuarenta y cinco pesetas.

Cliente: – Déme un sello de cuarenta y cinco pesetas, por favor.

Empleado: – Aquí tiene usted. ¿Algo más, señor?

Cliente: – Sí. ¿Cuánto valdrá mandar este paquete a París?

Empleado: – Todo depende del peso. ¿Quiere dármelo y lo pesaré? Valdrá setecientas pesetas.

Cliente: – Muy bien. ¿Cuánto tiempo tardará en llegar?

Empleado: – Unos cinco o seis días, señor.

Cliente: – Muchas gracias. Adiós.

Empleado: – Adiós, y muy buenas tardes.

Al teléfono

Señorita: – ¿Dígame?

Señor: – Buenos días. ¿Está el señor Posada?

Señorita: – ¿De parte de quién, por favor?

Señor: – De parte del señor Alfonso Pérez.

Señorita: – Un momento, por favor, señor Pérez. Voy a llamar a su oficina. Oiga. Lo siento, pero el señor Posada no está. ¿Quiere dejar un recado?

Señor: – Sí. ¿Quiere decirle al señor Posada que no podré asistir a la reunión en su oficina mañana a las diez de la mañana? Tengo otro compromiso a esa hora, pero le llamaré mañana por la tarde.

Señorita: – Muy bien, señor Pérez. Se lo diré al señor Posada en cuanto vuelva a la oficina. Adiós.

Señor: – Adiós.

Hablando de la fiesta

Maruja: – Oye, Juanita, ¿quieres que te ayude a organizar la fiesta?

Juanita: – ¡Hombre, claro! Hay mucho que hacer todavía.

Maruja: – ¿Qué quieres que haga?

Juanita: – Vamos a ver. Primero, quiero que limpies un poco el cuarto de estar, y luego quiero que bajes a la Cafetería Montesol para hablar con el dueño, el señor García. Dile que me prepare una docena de bocadillos de jamón y una jarra muy grande de la sangría que sólo él sabe hacer. ¿Vale?

Maruja: – En seguida voy. ¿Quieres que traiga algo para la fiesta?

Juanita: – ¿Puedes traer algunos discos de música moderna? Los míos son todos muy viejos ya.

Maruja: – Claro, Juanita, no faltaba más. ¿A qué hora empieza la fiesta?

Juanita: – Sobre las ocho, pero tu puedes venir antes si quieres para ayudarme a prepararlo todo. ¿De acuerdo?

Maruja: – Claro. Vendré sobre las siete y media. Hasta pronto.

¿Has entendido?

En el banco

¿Verdad o mentira?

1 El señor quiere cambiar dinero norteamericano por pesetas.
2 Quiere cambiar cien libras.
3 La libra vale 218 pesetas, pero valía más al día anterior.
4 El empleado quiere ver el documento de identidad del señor.
5 El empleado entrega las pesetas al señor.

¿Puedes corregir las frases que son 'mentira'?

En el hotel
Answer in English.

1 What does the young lady want?
2 How much is it?

3 How does she want to pay?
4 What is the difficulty in paying in this way?
5 What type of cheque will the hotel accept?
6 What two things does the receptionist ask the customer to do?

En Correos

¿Quieres completar las frases siguientes?

1 El señor quiere mandar . . .
2 El sello vale . . .
3 El señor también quiere . . .
4 El paquete valdrá . . .
5 El paquete tardará . . .

Al teléfono

Escribe en español las frases que significan lo siguiente.

1 Who is calling, please?
2 I'm sorry, he's not in.
3 Do you want to leave a message?.
4 I have another appointment at that time.
5 I'll tell him as soon as he returns.

Hablando de la fiesta

Answer in English.

1 What does Maruja offer to do?
2 What two jobs is she given?
3 What must she tell the owner of the cafeteria?
4 What does Juanita want Maruja to bring to the party?
5 When will the party begin, and when will Maruja arrive?

Resumen

En el banco

¿Puedo	cambiar	cheques de viaje	aquí?
Quisiera		cheques personales	por favor.
¿Es posible		libras por pesetas?	
¿Se pueden		pesetas por francos?	
¿Cuánto vale		la libra esterlina	hoy?
		el franco francés	
		el dólar norteamericano	
		el peso argentino	
		el marco alemán	
¿Tiene usted cambio de		cinco mil pesetas?	
		mil pesetas?	
		quinientas pesetas?	

En Correos

¿Cuánto vale mandar		una carta	a Inglaterra?
		una tarjeta postal	a Francia?
Déme	diez sellos	de treinta y seis pesetas.	
	cinco	treinta	
¿Puedo	comprar	tarjetas postales	aquí?
¿Se puede	mandar	un telegrama	
¿Es posible	mandar	un télex	

Al teléfono

Desearía		telefonear	a Londres.
Quiero		llamar por teléfono	a París.
¿Está	el señor Posada?	¿De parte de quién? Soy	el señor Pérez.
	la señora García?		la señora Morales.
			la señorita Martínez.
¿Quiere usted		llamar más tarde?	
¿Quieres		llamar mañana por la mañana?	
		dejar un recado?	
		darme el número de teléfono?	
		hablar con el director?	

¿Qué quiere usted que haga?

¿Qué	quiere usted	que haga?
	quieres	compre?
		diga?

¿Adónde	quiere usted	que vaya?
	quieres	vayamos?
		vayan?

¿A qué hora	quiere usted	que vuelva?
	quieres	volvamos?
		vuelvan?

Quiero que	vayas a Correos.
	usted vaya al banco.
	vayáis al hotel.
	ustedes vayan al colegio.

Dile	que	prepare unos bocadillos.
Dígale		vuelva más tarde.
Diles		vayan a la farmacia.
		vuelvan a las diez.

Actividades

En el banco

Work out the following role-play with your partner and then practise it. (One of you is **A** and the other **B**.)

A: Find out if you can change traveller's cheques.

B: Say he/she can.

A: Ask the value of the pound.

B: Tell him/her it's worth 218 pesetas. Ask how many pounds he/she wishes to change.

A: Tell him/her you wish to change fifty pounds.

B: Ask to see his/her passport.

A: Give it to him/her.

B: Ask him/her to sign the documents and direct him/her to the cashier for the money.

A: Thank him/her and say goodbye.

En Correos

Devise a dialogue with your partner which would take place in Correos. Find out the cost of sending letters and postcards to England, and ask for three stamps for letters and ten for postcards. Practise the dialogue with your partner.

Cada oveja con su pareja
(Primera parte)

Al teléfono

Tú llamas a una Oficina de Turismo y quieres hablar con el señor Novales. Este contesta, y tú le pides que te mande unos folletos sobre las fiestas de su ciudad. He aquí unas preguntas útiles:

Oiga. ¿Es la Oficina de Turismo? ¿Está el señor Novales? ¿Quiere mandarme unos folletos sobre las fiestas de su ciudad?

Cada oveja con su pareja
(Segunda parte)

Organizando la fiesta para tu cumpleaños

¿Qué quieres que te compre?

¿Quieres que traiga algo para la fiesta?

¿A qué hora quieres que venga?

¿Quieres que traiga algunos discos?

¿Quieres que te ayude con la fiesta?

3 ¿Qué quieres que te prepare?

Ejercicios

Ejercicio número uno
¿Qué quieres que haga?

4 ¿A qué hora quieres que vuelva?

VISITAD EL MUSEO DE san ANTOLIN

5 ¿Qué quieres que visite?

6 ¿Adónde quieres que pase las vacaciones?

1 ¿Qué quieres que te pida?

2 ¿Adónde quieres que vaya?

7 ¿Qué deporte quieres que aprenda?

Ejercicio número dos

¿Cuál es el número?

Ejemplo: ¿Qué número tengo que marcar para la Argentina?
Marque el número cincuenta y cuatro.

1 ¿Y para Australia?
2 ¿Y para Costa Rica?
3 ¿Y para Dinamarca?
4 ¿Y para Francia?
5 ¿Y para Inglaterra?
6 ¿Y para el Canadá?
7 ¿Y para Guatemala?

SERVICIO AUTOMATICO INTERNACIONAL INDICATIVOS TELEFONICOS INTERNACIONALES DE LOS PAISES:

Alemania, Rep. Democrática	37
Alemania, Rep. Fed. (Deutschland Bundesrep.)	49
Andorra	9738
• Arabia Saudí	966
Argelia	213
• Argentina	54
• Australia	61
Austria (Oesterreich)	43
• Bahrein	973
Bélgica (Belgique-Belgie)	32
• Bolivia	591
• Brasil	55
• Camerún	237
• Canadá	1
• Colombia	57
• Corea del Sur	82
• Costa de Marfil	225
• Costa Rica	506
Checoslovaquia	42
• Chile	56
• Chipre	357
Dinamarca (Danmark)	45
• Ecuador	593
• Egipto	20
• El Salvador	503
• Emiratos Arabes Unidos	971
• Estados Unidos (USA)	1
• Filipinas	63
Finlandia (Suami)	358
• Formosa (Taiwan)	886
Francia y Mónaco	33
• Gabonesa, Rep.	241
Gran Bretaña (United Kingdon)	44
Grecia (Hellas)	30
• Guatemala	502
• Haití	509

Ejercicio número tres

¿Está abierto o cerrado?

1 ¿Cuándo están abiertas las oficinas del Estado? ¿Y los domingos?
2 ¿Están abiertas las Oficinas de Turismo a las tres de la tarde?

HORARIOS DE OFICINAS, AGENCIAS, MUSEOS, ESPECTACULOS, RESTAURANTES, ETC.

El horario de las instituciones administrativas, es de 8 a 14 horas. Domingos cerrado.
Las agencias turísticas españolas están generalmente abiertas de 9,30 a 13,30 horas y de 16,00 a 20,00 horas.
Los restaurantes están abiertos de 12,00 a 15,00 y de 20,00 a 23,00 horas.
Los night-clubs están abiertos de 22,00 a 3,00 horas.
Los grandes almacenes están abiertos todos los días por la mañana y después del mediodía. Cierran los domingos. En Madrid y en otras grandes ciudades del país, algunos almacenes están abiertos toda la jornada.
Los espectáculos de teatro, ópera y los conciertos comienzan en general entre las 19,00 y 20,00 horas. Sin función los lunes.
Los cinemas están abiertos a partir de las 15,00 ó 16,00 horas. La última película se proyecta a las 21,00 ó 22,00 horas. Algunos cines dan sesiones matinales.
Las competiciones deportivas tienen lugar en general el domingo por la mañana; y el fútbol, las carreras de caballos y las corridas de toros por la tarde.

3 ¿Cuándo están abiertos los restaurantes?
4 ¿Están abiertas las 'night-clubs' por la mañana?
5 ¿Cuándo están abiertos los grandes almacenes? ¿Y en Madrid?
6 ¿Cuándo están abiertos los teatros? ¿Los lunes también?
7 ¿A qué hora empieza la última sesión en el cine?
8 ¿Cuándo tienen lugar las corridas de toros?

Ejercicio de comprensión

¿Comprendes bien el español hablado?

Pequeñas dificultades en el banco

Escucha las conversaciones siguientes y, después de cada una, escribe en inglés la dificultad que hay y cómo se va a solucionar.

Al teléfono

Escucha las conversaciones siguientes y, después de cada una, escribe en inglés quién está telefoneando a quién y, por qué.

Actividades

Cada oveja con su pareja
(Primera parte)

Al teléfono

Tú trabajas en una Oficina de Turismo. Un día coges el teléfono y contestas a las preguntas de un turista. Tú te llamas José Novales y no conoces al turista. He aquí algunas frases útiles: ¿Dígame? Sí, es la Oficina de Turismo. Sí, soy yo. ¿Con quién hablo? Claro que sí. ¿Quiere darme su dirección y su número de teléfono?

Cada oveja con su pareja
(Segunda parte)

Organizando la fiesta para tu cumpleaños

Un disco o un buen diccionario inglés.
Una botellas de sidra o de limonada.
A las 8.30.
No, no hace falta. Tengo muchos discos.
Sí, quiero que vengas temprano para ayudarme a preparar los bocadillos.

Lectura

Lee con cuidado este folleto de un banco español, y luego contesta a las preguntas en inglés.

1 What is the pamphlet about?
2 How will the swindler try to confuse the bank employee?
3 What will the bank give to anyone who detects the swindlers?
4 What should the bank employee do when handed a Eurocheque?
5 What four checks should the employee carry out?
6 What two things should he do if he suspects the cheque is faulty?

SE BUSCA

Persona de apariencia normal (en realidad es un estafador) que tratará de confundirle, presentando cheques que ya están firmados o bien al firmar, tapará los cheques con la mano. Tenga en cuenta que los cheques deben firmarse de forma clara y visible en su presencia.

$ RECOMPENSA $

Se recompensará a toda persona que retire de la circulación tarjetas y cheques **EUROCHEQUE** utilizados de forma fraudulenta o que contribuya a la detención de los delincuentes.

¿COMO OBTENERLA?

Cuando le presenten eurocheques con una tarjeta Eurocheque, por favor consulte su "Manual de Normas para el Pago de Eurocheques" y siga sus instrucciones cuidadosamente. La mayoría de las pérdidas por operaciones de cobro de eurocheques son debidas a una imitación de la firma.

- Los eurocheques deben firmarse de forma visible delante de Vd. (y no, por ejemplo, ocultándolos con la mano).
- Los eurocheques que se presentan ya firmados, deberán ser firmados de nuevo en su reverso bajo su atenta supervisión. En caso de que las firmas difieran solicite al presentador que firme otra vez. En caso de duda solicite un documento oficial de identidad para comparar.
- Observe el comportamiento del cliente mientras firma y mantenga mientras tanto en su poder la tarjeta Eurocheque.
- Compruebe que la tarjeta es auténtica y compare las firmas.

Siempre que detecte una falsificación o cualquier anomalía grave:
- Retenga la tarjeta Eurocheque.
- Trate de retener los eurocheques y el documento de identidad y avise a su superior.

Nota. No existe limitación en cuanto al número de eurocheques que se pueden utilizar. Si se presentan al cobro más de 2 eurocheques simultáneamente, el cliente debe enseñar no sólo la correspondiente tarjeta Eurocheque, sino también su Pasaporte, cuyo número deberá Vd. anotar en el reverso de al menos uno de los cheques.

Gramática

1 Saying what will happen: the Irregular Future   *See page 138*

In the Irregular Future, the endings are the same as the Regular Future, but the stem changes. A full list of these irregular stems is given on page 138. Those found in this lesson are as follows:

Valer: Valdrá veinte pesetas.
   It will cost twenty pesetas.
Poder: No podré venir.
   I shall not be able to come.
Decir: Se lo diré más tarde.
   I will tell him later.
Venir: Vendré a las ocho.
   I will come at eight o'clock.

2 Saying what you want to happen, but it may not happen: the Presen Subjunctive   *See page 146*

The way to form the Present Subjunctive and it use are found on page 146. The examples found i this lesson are as follows:

¿Qué quieres que haga?
What do you want me to do? (But I may not do it.)
Quiero que limpies el cuarto de estar.
I want you to clean the sitting-room. (But you ma, not.)
Quiero que bajes a la cafetería.
I want you to go down to the café. (But you may not.)
Dile que prepare unos bocadillos.
Tell him to prepare some sandwiches. (But he ma, not.)
Quiero que vayas a la farmacia.
I want you to go to the chemist's. (But you may not.)
NOTE: The verb *ir* – to go, is one of the very few Irregular forms of the Present Subjunctive.

Vocabulario

abonado (m) *subscriber, customer*
agudo *sharp, high (of sound)*
caja (f) *box, cashier's desk*
compromiso (m) *appointment*
consejo (m) *advice*
cortar *to cut, cut off*
cheque de viaje (m) *traveller's cheque*
dejar *to leave, allow, lend, let see*

descolgar *to unhook (phone, etc.)*
extranjero (m) *foreigner*
ficha (f) *token (for phone)*
firmar *to sign*
guía (telefónica) (f) *guide, telephone directory*
libra esterlina *pound sterling (money)*
llamada (telefónica) (f) *call, telephone call*
marcar *to dial (number), score (goal), set (hair)*
moneda (f) *coin, money*

pesar *to weigh*
peso (m) *weight, coin (in South America)*
prefijo (m) *prefix*
recado (m) *message*
sello (m) *stamp*
señal (f) *sign, signal*
taquilla (f) *box office, ticket office, cashier's office (not in a bank)*
tardar (en) *to take (time)*
tarjeta (postal) *card, postcard*
unidad (f) *unit (of money, weight, etc.*

¿Cómo estás? Muy bien, gracias.

Aims

1 Talking about illness, injury and accidents

2 Talking about sports and entertainments

3 Expressing what you would do if you could

Frases clave

1 ¿Cómo estás?

¿Estás enfermo? No, estoy muy bien, gracias.
Are you ill? No, I'm very well, thank you.

¿Cómo se siente usted? No me siento bien.
How do you feel? I don't feel well.

¿Qué te duele? Me duele el estómago.
What's hurting you? I've got a stomach ache.

¿Qué te duele? Me duelen los pies.
What's hurting you? My feet hurt.

¿Qué te pasa? Creo que tengo la gripe.
What's the matter with you? I think I've got the flu.

¿Tienes dolor de muelas? Sí, me duele esta muela.
Have you got a toothache? Yes, this tooth aches.

¿Qué te pasó? Me caí en la escalera y me hice daño en la pierna.
What happened to you? I fell downstairs and hurt my leg.

2 ¿Qué deporte practicas?

¿Qué deporte practicas? Practico el tenis.
Which sport do you play? I play tennis.

¿Sabes esquiar? Sí, aprendí a esquiar hace dos años.
Do you know how to ski? Yes, I learned to ski two years ago.

¿Te gusta el golf? No, lo encuentro muy aburrido.
Do you like golf? No, I find it very boring.

¿Jugaste al fútbol ayer? Sí, jugué por la mañana.
Did you play football yesterday? Yes, I played in the morning.

3 ¿Qué harías?

¿Qué harías si tuvieras mucho dinero? Me compraría un coche.
What would you do if you had a lot of money? I would buy myself a car.

¿Qué deporte practicaría usted si tuviera más tiempo libre?
Which sport would you play if you had more free time?

Practicaría el windsurf. *I'd go windsurfing.*

¿Adónde irías si te diera un millón de pesetas? Iría a la América del Sur.
Where would you go if I were to give you a million pesetas? I'd go to South America.

Informaciones

El deporte en España

Hace unos años el deporte no formaba una parte importante en la vida de la mayoría de los españoles. Desde luego, había millones de aficionados al fútbol que llenaban los grandes estadios como el Bernabeu todos los domingos para ver a su equipo favorito, y miles que iban todas las semanas a las corridas de toros en las muchas plazas de toros que había en las ciudades grandes del país.

También había muchos que pescaban en los ríos y otros muchos que cazaban en las montañas, hasta que empezó a ser difícil pescar o cazar sin ser socio de un club, y por todas partes se veían letreros como éstos.

¿Qué significan estos dos letreros?

Pero los futbolistas jugaban porque les pagaban muy bien, los toreros entraban en las plazas día tras día porque querían ser famosos y hacer fortuna y los pescadores y los cazadores pescaban y cazaban porque querían comer el pescado o el jabalí.

Ahora todo ha cambiado y el deporte ha llegado a ser muy popular entre muchos españoles que practican el 'footing' o el 'windsurf' porque les gusta y porque quieren estar sanos.

Hoy en día quedan pocos españoles como este joven que quiere ser torero, y la mayoría de los jóvenes practican un deporte que es menos peligroso y más divertido.

Claro que cada vez que un español gana un campeonato importante, como Manuel Santana, el jugador de tenis, que ganó el campeonato de Wimbledon en 1966, miles de jóvenes quieren imitar su ejemplo y, a partir de 1966, el tenis llegó a ser un deporte que se practicaba mucho. Actualmente el héroe de muchos españoles es Severiano Ballesteros, el golfista, que ha ganado casi todos los campeonatos importantes del mundo, y como se ve aquí, los clubs de golf están llenos de jóvenes que quieren llegar a ser tan famosos como Severiano.

Claro que hay también revistas especializadas para los aficionados de todos los deportes desde las motos hasta el fútbol.

Did you understand?

1 What part did sport play in the average Spaniard's life some years ago?
2 What two spectator sports were popular in those days?
3 What did you have to do if you wanted to hunt or fish?
4 What do the two notices mean?
5 Why did the footballers play?
6 What reason did the bullfighters have for risking their lives?
7 Why did the fishers and hunters practise their sport?
8 How has the Spaniard's attitude to sport changed?
9 What is the young man in the street doing?
10 Why did tennis become popular?
11 Who is Severiano Ballesteros and why is he popular?

Conversaciones

En la consulta del médico (1)

Médico: — Vamos a ver. ¿Qué le duele?

Hombre: — Me duele el estómago.

Médico: — ¿Desde cuándo le duele?

Hombre: — Desde hace dos o tres días.

Médico: — ¿Puede usted describirme el dolor?
¿Le duele todo el tiempo?

Hombre: — Es un dolor muy agudo que ocurre
sobre todo cuando como.

Médico: — ¿Y le duele desde hace dos o tres días,
dice usted?

Hombre: — Eso es. ¿Es grave, doctor?

Médico: — No lo sé todavía. ¿Ha vomitado?

Hombre: — No. Quiero vomitar, pero no puedo.

Médico: — Vamos a ver. Hoy es lunes. ¿Qué
comió usted el viernes pasado?

Mujer: — Al mediodía comimos una ensalada,
unas chuletas de cerdo y un flan y,
por la noche, cenamos mejillones,
pollo y fruta.

Médico: — Y, ¿usted comió lo mismo que su
marido?

Mujer: — No. Yo no tomé los mejillones. No me
gustan.

Médico: — ¡Ah! A lo mejor es eso. Me parece que
tiene usted un poco de intoxicación
alimenticia. Hay que tener mucho
cuidado con los mejillones, ¿sabe?
Mire; le voy a dar esta receta para
llevar a la farmacia y, si no se
encuentra mejor en dos o tres días,
vuelva a verme otra vez.

Hombre: — Muchas gracias, doctor. Adiós.

Médico: — Adiós.

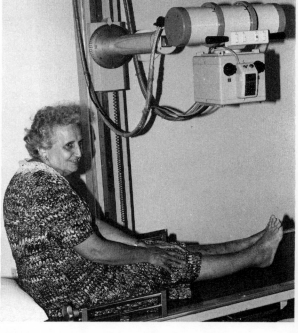

En la consulta del médico (2)

Médico: — Buenas tardes, señora. ¿Qué le pasa a
usted?

Señora: — Mire usted, doctor, me duele mucho
la pierna.

Médico: — Ya veo que tiene usted el tobillo muy
hinchado. ¿Qué le pasó?

Mujer: — Pues, estaba bajando por la escalera
de mi casa, me caí y me hice daño en
la pierna. ¿Está rota, doctor?

Médico: — No creo, pero le voy a hacer una
radiografía de la pierna y el tobillo.

Mujer: — ¿Una radiografía? ¿Qué es eso? ¿Me
va a hacer daño?

Médico: — No, señora. Una radiografía es como
una foto de la pierna.
(Un poco más tarde)

Médico: — Pues aquí no veo nada. Todo está
muy bien. Usted se ha torcido el
tobillo, nada más.

Mujer: — Pero me duele mucho, doctor, sobre
todo al andar.

Médico: — Claro que le duele, señora. Le voy a
poner una venda, y usted tendrá que
quedarse en casa unos pocos días
hasta que el tobillo esté bien otra vez.

Mujer: – Mire usted, doctor; yo no puedo quedarme en casa. Tengo que bajar a la plaza a hacer la compra y . . .

Médico: – Ya le digo, señora, que tiene que quedarse en casa. Mande a su marido a la plaza. Será cuestión de una semana o así.

Mujer: – Bueno. Si usted lo dice, doctor, pero a mi marido no le va a gustar nada.

Médico: – Si no le gusta, que se aguante, señora.

En la consulta del dentista

Dentista: – ¿Cuál le duele?

Chico: – Me duele esta muela de aquí.

Dentista: – Vamos a ver. Sí, hay una caries en la muela. Te pondré un empaste en seguida.

Chico: – ¿Me va a hacer daño?

Dentista: – ¡Qué va! Primero te voy a poner una inyección, y luego no sentirás nada. No te preocupes.

Hablando de deportes

Juan: – ¿Cuánto tiempo hace que practicas el golf, Manuel?

Manuel: – Llevo unos tres años practicándolo.

Juan: – ¿Cuántos años tenías entonces cuando empezaste a jugar al golf?

Manuel: – Tenía doce años. Mi padre me enseñó a jugar en el campo de golf cerca de mi casa.

Juan: – Y, ¿te gusta?

Manuel: – ¡Hombre! Me encanta. Es el mejor deporte del mundo. ¿Tú llevas mucho tiempo practicándolo?

Juan: – No. Aprendí a jugar el año pasado pero, claro, no juego muy bien todavía.

Manuel: – Ya veremos. ¿A qué distancia está el primer hoyo?

Juan: – Mira; ahí lo pone. Está a trescientos cincuenta metros y el par es cuatro golpes.

Manuel: – Me toca a mí jugar primero, ¿verdad? Voy a ganar, ya verás.

¡Qué suerte!

Paco: – ¿Qué harías tú si te tocara la lotería, Pilar?

Pilar: – Pues, me compraría una casa muy grande en el campo con un jardín precioso y lo pasaría muy bien. Y luego daría dinero a mis padres y a mis hermanos e iríamos todos a pasar unas vacaciones magníficas en Cataluña que es una región que les encanta a mis padres. Pero, ¿por qué me lo preguntas?

Paco: – Hoy es tu cumpleaños, ¿verdad?

Pilar: – Sí, hoy cumplo dieciséis años.

Paco: – Pues te hemos comprado un regalo para tu cumpleaños. Toma; un décimo de lotería y vamos a ver si tienes suerte.

Pilar: – ¡Qué regalo más estupendo! Gracias a todos.

Did you understand?
En la consulta del médico (1)
True or false?

1 The man has a stomach ache.
2 He has had it for more than a week.
3 It's a sharp pain which occurs when he drinks.
4 He has not been sick.
5 Last Friday he ate mussels, chicken and fruit for dinner.
6 All the family ate the same meal.
7 The doctor diagnoses food poisoning.
8 The problem should clear up in a few days.

En la consulta del médico (2)
Contesta en español.

1 ¿Qué le duele a la señora mayor?
2 ¿Qué le pasó a la señora?
3 ¿Tiene la pierna rota?
4 ¿Qué es una radiografía?
5 ¿Qué se ha torcido la señora?
6 ¿Qué tendrá que hacer la señora?
7 ¿Por qué dice que no puede hacer eso?
8 ¿Quién tendrá que cuidar de la señora?

En la consulta del dentista
¿Verdad o mentira?

1 Al chico le duele una muela.
2 El dentista le va a sacar la muela.
3 El chico cree que el dentista le hará daño.
4 El dentista va a poner una inyección al chico.

Hablando de deportes
Work with your partner and rewrite the dialogue so that it fits your own favourite sport. Practise the new dialogue with your partner.

¡Qué suerte!
Use the phrases of the dialogue to help you complete these sentences, which refer to what you would do.

1 Si me tocara la lotería . . .
2 A mi madre le daría . . .
3 A mi hermano le . . .
4 Iría con mis amigos a . . .
5 Visitaría . . . porque . . .

Resumen

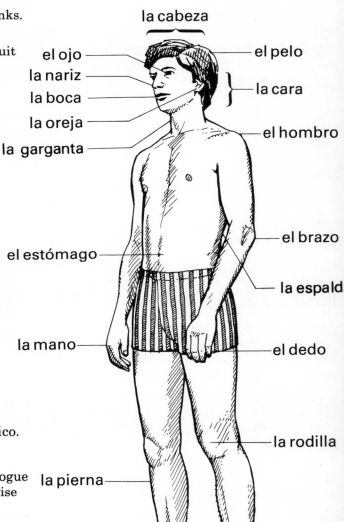

la cabeza
el ojo
la nariz
la boca
la oreja
la garganta
el pelo
la cara
el hombro
el brazo
la espald
el estómago
la mano
el dedo
la rodilla
la pierna
la tobillo
el pie

¿Cómo estás?

Tengo dolor de cabeza.

(Etc.)

Tengo fiebre.

Tengo un resfriado.

Tengo tos.

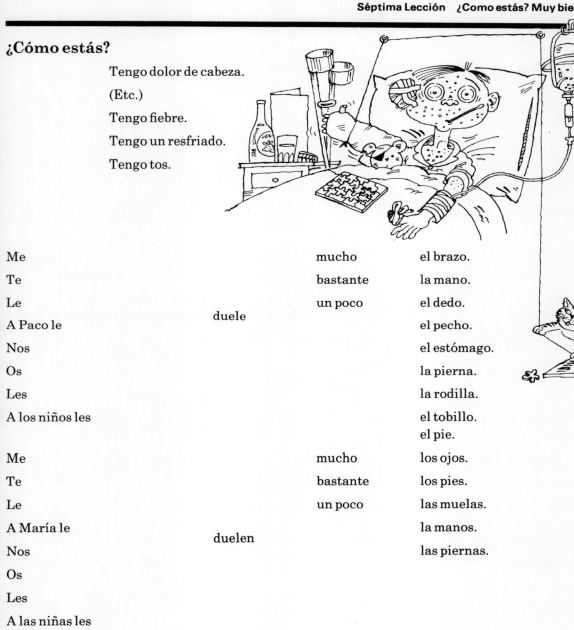

Me		mucho	el brazo.
Te		bastante	la mano.
Le		un poco	el dedo.
A Paco le	duele		el pecho.
Nos			el estómago.
Os			la pierna.
Les			la rodilla.
A los niños les			el tobillo.
			el pie.

Me		mucho	los ojos.
Te		bastante	los pies.
Le		un poco	las muelas.
A María le			la manos.
Nos	duelen		las piernas.
Os			
Les			
A las niñas les			

Choqué contra un árbol y me hice daño en		la pierna.
		la mano.
		(Etc.)
No pude hacer el trabajo porque me	dolía	la cabeza.
		(Etc.)
	dolían	los ojos.
		(Etc.)
	tenía dolor de	cabeza.
		(Etc.)
	tenía fiebre.	

¿Qué deporte practicas?

¿Qué deporte practicas? Practico	el tenis.
	el hockey.
	el fútbol.
	el rugby.
	el baloncesto.
	el críquet.

¿Cuál es tu pasatiempo favorito?	Soy aficionado	al teatro.
		al cine.
		a los discos.
		a los sellos.
	Me gusta mucho	el dibujo.
		coleccionar monedas.

Me interesa mucho la música clásica.
interesan mucho los posters de música 'pop'.

¿Qué	te	gusta hacer en	tus	ratos libres?	Me gusta	bailar.
	le		sus			sacar fotos.
						ver la televisión.
						tocar el piano.

¿Qué hiciste el sábado pasado?	Jugué al tenis.
	Salí en bicicleta.
	moto.
	Practiqué el golf.
	Saqué fotos.
	Di un paseo por el campo.

¿Qué harías?

| ¿Qué harías si fueras muy rico? | Me compraría | muchos discos. |
| | | un ordenador. |

Viajaría por todos los países del mundo.
Visitaría a mis parientes en Australia.

Actividades

Cada oveja con su pareja
(Primera parte)

¿Cómo te encuentras?

  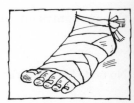

¿Cómo te encuentras?	¿Te duele mucho?
¿Te duele la cabeza?	¿Te duele algo más?
¿Qué te duele entonces?	¿Qué te pasó?

En la estación

Find the concealed message by working
vertically down the columns.

```
A Q Z      K N L      Z E A
P U E      E E L      L A S
H O B      T S R      D P Z
S R C      O R P      Q O R
P L A      E N T      E T S
S D X      S A X      E T S
Z A G      L I B
```

Cada oveja con su pareja
(Segunda parte)

¿Quién es?

¿Cómo se llama? ¿Cómo es? ¿Qué mide
y, cuánto pesa?

¿Dónde y cuándo nació? ¿Es español?
¿Qué hace en la vida?

¿Ha jugado en clubs ingleses?
¿Cuáles? ¿Ha jugado en el equipo
nacional?

¿Cuántas veces? ¿Ha marcado
goles? ¿Jugó por su país en
la Copa del Mundo?

¿Qué hizo en ese partido?

¿Cuánto costó? ¿Tiene familia?

**FICHA
TECNICA**

Nombre:
ENRIQUE MARTIN
MONREAL
Lugar de
nacimiento:
PAMPLONA
Fecha:
9 de marzo
de 1956
Altura: 1,78
Peso: 72 kgs.
Equipos:
Osasuna Juveniles,
Osasuna Promesas
(dos años),
Tudelano
(cedido un año),
Lérida
(cedido un año),
Osasuna
Internacional:
2 veces

Cada oveja con su pareja
(Primera parte)

¿Cómo te encuentras?

 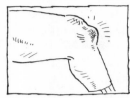 

¿Cómo te encuentras?	¿Te duele mucho?
¿Te duele el estómago?	¿Te duele algo más?
¿Dónde te duele entonces?	¿Qué te pasó?

Cada oveja con su pareja
(Segunda parte)

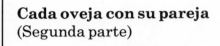

ASI ES

Joseph «Gerry» Armstrong nació en Belfast el 23 de mayo de 1954. Mide 1,82 metros y pesa 81 kilos. Ha jugado en el Bangor, Tottenham y Watford. Ha sido 46 veces internacional con Irlanda del Norte, anotando nueve goles. Jugó con su país la Copa del Mundo 1982 en España, donde marcó el gol de la victoria de Irlanda sobre España. Su debut internacional se produjo en 1977 teniendo a la RDA como maestro de ceremonias. Ha costado cuarenta millones de pesetas y ha suscrito contrato por dos temporadas. Está casado y tiene dos hijos.

¿Quién es?

¿Cómo se llama? ¿Es español? ¿Cómo lo sabe? ¿Dónde y cuándo nació? ¿A qué se dedica? ¿Cómo es? ¿Qué mide y, cuánto pesa? ¿Ha jugado en clubs españoles? ¿Cuáles? ¿Ha jugado en el equipo nacional? ¿Ha marcado goles para el equipo nacional? ¿Está casado? ¿Tiene familia?

Ahora te toca a ti

Work out the following role-plays with your partner. **A** is the doctor and **B** the patient. Take it in turns to be **A** or **B**, fill in the dialogue and practise the result with your partner.

En la consulta del médico (1)

A: ¿Qué le duele?

B: (Stomach.)

A: ¿Te duele mucho?

B: (Quite a bit.)

A: ¿Desde cuándo le duele?

B: (2–3 days.)

A: ¿Cuándo le duele?

B: After meals.

A: ¿Qué comió usted hace tres o cuatro días?

B: Bought 1 kilo of peaches and ate the lot.

A: Será la fruta. Vaya usted a la farmacia con esta receta y tome la medicina antes de comer.

B: Say thank you.

En la consulta del médico (2)

A: ¿Qué le pasa?

B: Left arm hurts.

A: ¿Qué le pasó exactamente?

B: Ran into a tree whilst riding your bike and hurt left arm.

A: ¿Le duele mucho?

B: Yes, a lot. Ask if it is broken.

A: No, no está roto, pero está bastante magullado. Le voy a poner una venda.

B: Say thank you.

A: De nada. Otra vez vaya con más cuidado.

Ejercicios

Ejercicio número uno

Tu deporte favorito

Contesta a las preguntas siguientes.
¿Cuál es tu deporte favorito? ¿Cuándo empezaste a practicarlo? ¿Aprendiste a practicarlo en el colegio? ¿Juegas bien o mal? ¿Juegas en el equipo del colegio? ¿Eres miembro de algún club de deportes? ¿Te gustaría practicarlo profesionalmente? ¿Quién es el mejor jugador de tu deporte?

Ejercicio número dos

¿Por qué no lo hiciste?

Ejemplo: ¿Por qué no hiciste los deberes? Porque me dolía la cabeza.

1 ¿Por qué no leíste el libro?
2 ¿Por qué no jugaste al fútbol?
3 ¿Por qué no viniste a la fiesta?
4 ¿Por qué no comiste nada?
5 ¿Por qué no saliste a dar un paseo?

Ejercicio número tres

¿Qué harías tú?

Ejemplo: ¿Qué harías tú si yo te diera un millón de pesetas?
Me compraría un piso de lujo.

1 ¿Qué cambiarías si fueras el director de tu colegio?
2 ¿Qué países visitarías si tuvieras mucho dinero y tiempo libre?
3 ¿Dónde te gustaría vivir si no tuvieras que vivir con tus padres?
4 ¿Qué trabajo harías si pudieras escoger libremente?
5 ¿Qué comprarías para tus padres si te tocara la lotería?

Ejercicio de comprensión

¿Comprendes bien el español hablado?

En la consulta del médico

Listen to each of the short conversations and, after each one, write down in English what is wrong with the patient and what the doctor suggests.

Lectura

Read the article below and answer the following questions in English.

1 What are English firms specialising in?

2 Why can they do this?

3 What forms the basis of the 'vintage' car?

4 Is it expensive?

5 What is good about the Merlin TF kit?

6 How long does it take to build the car?

7 What does it cost, in pounds and in pesetas?

8 What does the title 'Hágaselo usted mismo' mean?

Lo último

HAGASELO USTED MISMO

CADA día son más numerosas las marcas inglesas que se dedican a la fabricación de kits especiales con los que montar un coche en casa, pues la legislación en Gran Bretaña, muy permisiva en este aspecto como en el resto de Europa, facilita esta fórmula de obtener un coche de época, a partir de una base mecánica de un coche actual y generalmente por poco dinero.

Thoroughbred Cars pone al alcance de sus clientes el kit del Merlin TF, un coche de estilo clásico pensado para equipar, preferentemente, el motor Ford de cuatro cilindros, de 1.600 ó 2.000 centímetros cúbicos, que lleva el Taunus. El Merlin TF es uno de los kits más completos que existen en el mercado; resulta muy fácil de construir, ya que el fabricante, antes de venderlo, prueba cada una de las piezas y tornillos. El tiempo estimado para montar el coche es de cincuenta horas, y los kits del TF se pueden adquirir en Inglaterra desde 1.295 libras (unas 280.000 pesetas).

Read the article opposite and answer the following questions in English.

1 How is windsurfing defined?

2 How long does it take to learn?

3 What is the first day like?

4 What is the simulator used for?

5 Who can go windsurfing?

6 What is the age range of pupils in Veronica's school?

7 Does she think it is an expensive sport?

8 What does the average windsurfing board cost?

9 Which boards are very expensive?

10 What should you wear in summer to go windsurfing? And in winter?

11 What exactly is 'fun' in windsurfing?

12 Why is it difficult to go 'fun' windsurfing in Spain?

El windsurf es desde poco uno de los deportes de verano más practicados, bien sea por la sencillez de su manejo, por el poco coste, (siempre hay que compararlo con el resto de los deportes náuticos), o simplemente por ser un deporte de moda. Sobre las tablas deslizadoras a vela hablaremos con Verónica Sevegrand actual campeona de España de windsurf. Verónica es francesa pero tiene la nacionalidad española ya que lleva muchos años viviendo en Barcelona. Concretamente en Gavá, población cercana a Castelldefels, tiene montada su escuela de windsurf. Sobre todo lo concerniente a este joven deporte, hablamos con ella.

—¿En qué consiste el windsurf?

—En pocas palabras, se trata de mantenerse en equilibrio encima de una tabla contrarrestando el peso del cuerpo con el empuje del viento sobre la vela. Parece un poco complicado pero en una semana se puede aprender perfectamente. Eso sí, el primer día es bastante duro.

—¿Qué importancia tiene el simulador en las primeras clases?

—Esencial es el papel del simulador en el primer contacto con la tabla. Como su nombre indica, simula el movimiento de la tabla en el agua. Un simulador no es más que una tabla con unos muelles en su parte posterior que permiten hacernos una idea en tierra de lo que va a ser nuestro movimiento en el agua. Además, sirve para perder miedo sobre todo en niños muy pequeños y corregir pequeñas imperfecciones que en el mar son más difíciles de ver.

—¿Tiene el windsurf barreras de edad o por contra es un deporte sin años?

—Una de las claves del éxito del windsurf es que se puede practicar a cualquier edad. En mi escuela hay niños y señores de 65 años que lo hacen igual de bien.

—Aunque el windsurf no sea un deporte para una edad determinada sí tiene el problema ser excesivamente caro, ¿qué opinas?

—No estoy de acuerdo, ya que una tabla de tipo medio cuesta de sesenta a ochenta mil pesetas, incluida la vela y todos los accesorios básicos para navegar. Cuando la gente dice que es caro es porque han visto un catálogo de tablas de «funboard» que cuestan unas doscientas mil pesetas y claro, se piensan que son todas igual. Además, se pueden pagar a plazos.

El surf a vela tiene muchas modalidades y tablas y por supuesto no todas cuestan lo mismo: «Las tablas de iniciación son más anchas que las de competición de fun. Una

«El windsurf va a ser una modalidad sorpresa en las Olimpiadas.»

tabla sencilla mide unos tres metros treinta y es bastante ancha porque se busca ante todo la estabilidad. Además son tablas con un antideslizante considerable en la zona de los pies. Las tablas de competición son más pequeñas y estrechas que las anteriores. Muchas de ellas llevan cinchas para los saltos. Estas cinchas son unas pequeñas cuerdas, por decirlo así, en las que nos sujetamos los pies para realizar un salto determinado.

—¿Qué prendas se necesitan para practicar el surf a vela?

—En verano con un bañador es suficiente y también un chaleco salvavidas por mera precaución. En invierno, un mono o traje que nos preserve del frío. Este traje puede ser entero o sin cubrir los brazos y con una chaqueta por si hace más frío. La cuestión de las zapatillas depende de la adherencia de la tabla. Normalmente es mejor ir sin nada ya que se notan más los movimientos.

—Anteriormente has mencionado que hay diferentes tablas para cada competición. ¿Cuántos tipos de regatas hay en el windsurf?

LA MODA DEL FUNBOARD

—Estamos hablando mucho del fun pero ¿qué es?

—El fun es una modalidad de windsurf que se practica con viento y mar en condiciones bastante salvajes. Es decir con un viento mayor de fuerza 4. El fun sobre todo es una modalidad para expertos en la navegación del surf a vela. Tiene mayor riesgo y por tanto la preparación para practicarlo tiene que ser muy buena.

—¿Vedado para novatos?

—De momento sí, pero con unos años de práctica se puede hacer. Aunque aquí en España hay pocos lugares, por las condiciones climáticas principalmente, donde se pueda practicar adecuadamente.

Gramática

1 Saying what you would do if you could:
the Imperfect Subjunctive *See page 147*
and the Conditional Tense *See page 139*

The way to form the Imperfect Subjunctive and its use are found on page 147. The examples found in this lesson are as follows:

Si fuera rico, me compraría un coche.
If I were rich (but I'm not), I would buy a car.

Si tuviera más tiempo libre, aprendería a jugar al golf.
If I had more free time (but I don't), I would learn to play golf.

The Conditional Tense is used to say what you would do and, like the Future, adds endings to the Infinitive (or to the Irregular stem in some cases). With the Conditional Tense you express what you would do.

Iría a Australia si tuviera mucho dinero.
I would go to Australia if I had a lot of money.

2 Expressing what is hurting you

a) You can use the verb *doler*, which behaves likes gustar.

Me duele la cabeza. (The verb is singular because *cabeza* is singular.)
I have a headache.

Me duelen los pies. (The verb is plural because *pies* is plural.)
My feet hurt.

If you are talking about the past, use the Imperfect of *doler*.

No hice el trabajo porque me dolía la cabeza.
I didn't do the work because I had a headache.

b) You can use *tener dolor de* and simply add the name of the part of the body which is hurting you.

Tengo dolor de estómago.
I've got a stomach ache.

Tenía dolor de cabeza.
I had a headache.

Vocabulario

actualmente *nowadays*
aficionado (m) *fan, supporter, fond of*
aguantar (se) *to put up with*
agudo *sharp, acute*
alcance (m) *reach*
campeona (f) *champion*
campeonato (m) *championship*
caries (f) *caries, dental decay*
cazar *to hunt*
chaleco salvavidas (m) *life jacket*
empuje (m) *pushing, force*
estadio (m) *stadium*
éxito (m) *success*

golpe (m) *blow, stroke (in golf)*
hoyo (m) *hole (in golf)*
intoxicación alimenticia (f) *food poisoning*
jabalí (m) *wild boar*
magullar *to bruise*
manejo (m) *handling, operation*
marca (f) *brand, firm*
marcar *to score (goal), dial (telephone), set (hair)*
medir (i) *to measure*
montar *to build, erect, make*
muelle (m) *spring (machinery), quay (port)*
novato (m) *novice, learner*
ordenador (m) *computer*
pariente (m/f) *relative*

pieza (f) *piece, part*
plazos: a . . . *on hire purchase*
prenda (f) *garment*
receta (f) *prescription (medicine), recipe (cooking)*
sano *healthy*
sencillez (f) *simplicity*
simulador (m) *simulator*
socio (m) *member*
tabla (f) *board, plank*
tobillo (m) *ankle*
torcer (ue) *to twist*
tornillo (m) *screw, bolt*
vedado *forbidden*
vela (f) *sail*
venda (f) *bandage*
vomitar *to vomit, be sick*

Todos al sol

Aims

1 Eating out in Spain

2 Visiting Spain and its ancient monuments

3 Expressing what you have (just) done

Frases clave

1 ¡Qué restaurante!

¿Le han traído el menú? No nos lo han traído todavía.
Have they brought you the menu? They haven't brought it for us yet.

¿Ha escogido usted? Sí, voy a tomar ensaladilla rusa.
Have you chosen? Yes, I'm going to have Russian salad.

¿Quiere usted probar la especialidad de la casa?
Do you want to try the speciality of the house?

No, gracias; ya la he probado y no me gustó nada.
No thank you; I've already tried it and didn't like it at all.

¿Le ha gustado la tortilla? Sí, me ha gustado mucho.
Did you enjoy the omelette? Yes, I enjoyed it very much.

¿Ha probado usted calamares en su tinta? No, no los he probado nunca.
Have you tried squid in its ink? No, I've never tried it.

2 Por tierras de España

¿Has estado en España? No, no he estado nunca en España, pero he visitado Italia.
Have you ever been to Spain? No, I've never been to Spain, but I've visited Italy.

¿Qué región ha visitado usted? He estado en Galicia.
Which region have you visited? I've been in Galicia.

¿Ha visto usted los Picos de Europa? No, pero me gustaría verlos.
Have you seen the Peaks of Europe? No, but I'd like to see them.

¿Adónde habéis ido de vacaciones? Hemos ido a Sevilla.
Where have you been for your holidays? We've been in Sevilla.

¿Has visitado el Museo del Prado? Sí, y me han gustado mucho los cuadros.
Have you visited the Prado Museum? Yes, and I liked the pictures a lot.

¿Está abierto este edificio al público? Sí, está abierto desde las nueve de la mañana hasta las cuatro de la tarde.
Is this building open to the public? Yes, it's open from 9 a.m. to 4 p.m.

¿Cuánto vale la entrada? Vale cien pesetas.
What does a ticket cost? It costs a hundred pesetas.

3 ¿Qué has hecho?

¿Qué has hecho esta mañana? He escrito una carta a mi madre.
What have you done this morning? I've written a letter to my mother.

¿Qué has comprado para tus padres? He comprado una corbata para mi padre y un collar para mi madre.
What have you bought for your parents? I've bought a tie for my father and a necklace for my mother.

¿Dónde habéis estado esta tarde? Hemos estado en ese museo.
Where have you been this afternoon? We've been in that museum.

¿Qué han hecho los niños? Se han puesto al sol en la playa.
What have the children been doing? They've been sunbathing on the beach.

¿Ha encontrado usted un regalo para su hermana?
Have you found the present for your sister?

No, pero acabo de ver una blusa en aquella tienda que le va a gustar.
No, but I've just seen a blouse in that shop that she'll like.

Informaciones

Todos al sol: el turismo en España

La industria más importante de España es el turismo, y cada año millones de extranjeros hacen sus maletas, suben a sus coches o al avión y van a España en busca del sol. He aquí las estadísticas oficiales para el año 1983:

Países de origen	1983
TOTAL EUROPA	35.049.917
Alemania (R.F)...	4.970.190
Austria	227.834
Bélgica	1.022.800
Dinamarca	395.823
Finlandia	164.054
Francia	10.326.166
Holanda	1.315.227
Italia	669.493
Noruega	280.130
Portugal	8.465.578
Reino Unido	5.188.296
Suecia	464.969
Suiza	770.907
Yugoslavia	30.446
Otras	758.004

Como se puede ver, casi cinco millones de alemanes pasaron sus vacaciones en España en 1983. ¿Cuántos ingleses fueron a España en aquel año, más o menos? ¿Había más italianos o más suecos? ¿De qué país vinieron más turistas? ¿Cuántos yugoslavos decidieron visitar España en 1983?

Este año las estadísticas han cambiado un poco,
como se puede ver en este artículo de la prensa
española:

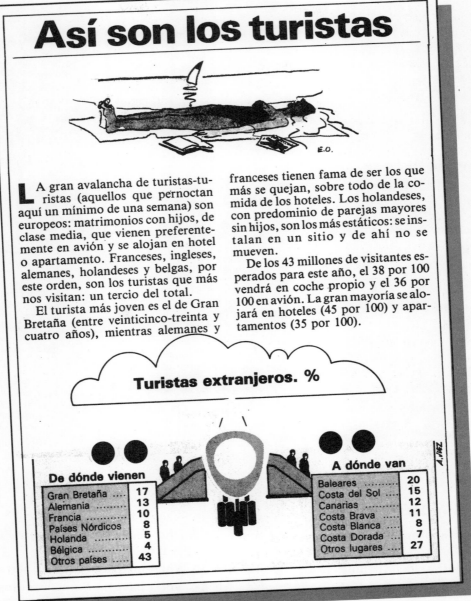

Así son los turistas

LA gran avalancha de turistas-turistas (aquellos que pernoctan aquí un mínimo de una semana) son europeos: matrimonios con hijos, de clase media, que vienen preferentemente en avión y se alojan en hotel o apartamento. Franceses, ingleses, alemanes, holandeses y belgas, por este orden, son los turistas que más nos visitan: un tercio del total.

El turista más joven es el de Gran Bretaña (entre veinticinco-treinta y cuatro años), mientras alemanes y franceses tienen fama de ser los que más se quejan, sobre todo de la comida de los hoteles. Los holandeses, con predominio de parejas mayores sin hijos, son los más estáticos: se instalan en un sitio y de ahí no se mueven.

De los 43 millones de visitantes esperados para este año, el 38 por 100 vendrá en coche propio y el 36 por 100 en avión. La gran mayoría se alojará en hoteles (45 por 100) y apartamentos (35 por 100).

Turistas extranjeros. %

De dónde vienen

Gran Bretaña	17
Alemania	13
Francia	10
Países Nórdicos	8
Holanda	5
Bélgica	4
Otros países	43

A dónde van

Baleares	20
Costa del Sol	15
Canarias	12
Costa Brava	11
Costa Blanca	8
Costa Dorada	7
Otros lugares	27

De cada cien turistas, ¿cuántos eran ingleses?
¿Cuántos eran holandeses? Y, ¿cuántos eran
belgas? ¿Qué lugar de toda España era el más
popular entre los extranjeros? ¿Cuál de las costas
era la menos popular? ¿Dónde está esa costa?
Al llegar a España, los visitantes tienen que
encontrar un sitio donde pasar la noche y no cabe
duda de que el mejor sitio entre todos los muchos
hoteles y hostales que existen por toda la
Península Ibérica es un Parador. Pero, ¿qué es un
Parador?

PARADORES - HOSTERIAS - REFUGIOS - HOTELES

La Secretaria de Estado de Turismo tiene instalada, a lo largo y a lo ancho de la geografía española, una red de establecimientos hoteleros, única en el mundo por su originalidad y valor. Paradores, Hosterías y Refugios de Montaña han sido creados en aquellos lugares menos frecuentados y que reúnen un indudable interés turístico. Viejos castillos, palacios y conventos, debidamente restaurados con el máximo respeto a su tradición, sirven, con sus modernas instalaciones, las actuales exigencias hoteleras. En otros casos, las construcciones son de nueva planta. Son características comunes de los Alojamientos Turísticos del Estado su situación en parajes de tranquilidad y belleza incomparables y la reconocida calidad y esmero del personal especializado que atiende al visitante, circunstancias que hacen de los Alojamientos Turísticos del Estado un claro modelo en la vanguardia de la moderna hostelería.

La red de alojamientos de la Secretaría de Estado de Turismo comprende los siguientes tipos de establecimientos:

PARADORES: Son cada uno de ellos un hotel completo, con todos los servicios que exige el moderno confort: habitaciones con baño privado, agua corriente, caliente y fría; calefacción, teléfono en todas las habitaciones, salones sociales, garajes y bien cuidados servicios complementarios.

HOSTERIAS: Son restaurantes típicos, decorados a la usanza de la región donde están enclavados, que sirven comidas de excelente calidad de acuerdo con las más ricas tradiciones culinarias del país.

REFUGIOS: Emplazados en los más bellos parajes montañosos, ofrecen abrigo cómodo y bien atendido, con calefacción, agua corriente, caliente y fría, y habitaciones confortables. Son excelentes puntos de partida para realizar interesantes excursiones, así como centros deportivos de caza y pesca, alpinismo, etc.

HOTEL: Existe uno sólo, el Hotel Atlántico, en Cádiz, construido junto al mar. Sus instalaciones son idénticas a las de los Paradores.

La cuidada calidad de los servicios que se prestan en los Alojamientos Turísticos del Estado corresponde a la categoría en que están clasificados. Esta red de alojamientos estatales está siendo notablemente ampliada de acuerdo con un extenso plan de nuevas adaptaciones y construcciones de próxima inauguración.

Did you understand?

1 What is another word in Spanish for 'Reino Unido'?

2 What is the official definition of a tourist?

3 What characteristics do the majority of tourists have?

4 How do they get to Spain, and where do they stay?

5 Which five countries provide one third of all tourists to Spain?

6 What is the age-range of British tourists?

7 What reputation have the Germans and French earned for themselves?

8 What are the Dutch like?

9 What percentage of the tourists arrive in their own car?

10 Where do the majority of them stay?

11 Where have the Paradores, Hosterías and Refugios de Montaña been set up?

12 What types of buildings have been made into Paradores?

13 What has been done to these buildings?

14 What exactly is a Parador, a Hostería and a Refugio?

15 How many Hotels are there in the chain, and where?

Conversaciones

¡Qué restaurante!

Camarero: – ¿Le han traído el menú?

Cliente: – No, no me lo han traído todavía.

Camarero: – Perdone usted. Aquí lo tiene. ¿Qué va a tomar?

Cliente: – De primero voy a tomar sopa de cebolla.

Camarero: – Lo siento, señorita, pero no queda sopa de cebolla.

Cliente: – ¿Qué tiene entonces?

Camarero: – Pues, hay entremeses, ensalada mixta, paella . . .

Cliente: – Tráigame una ensalada mixta.

Camarero: – ¿Y después?

Cliente: – ¿Qué tal las chuletas de cordero?

Camarero: – Lo siento mucho, señorita, pero acabo de servir las últimas chuletas a aquel cliente.

Cliente: – Pues, ¿qué carne queda?

Camarero: – Creo que hay ternera asada y salchichas.

Cliente: – Bueno. Ternera asada entonces.

Camarero: – Y, ¿para beber?

Cliente: – Media botella de vino blanco de la casa.

Camarero: – Muy bien, señorita.

Cliente: – Y, ¿quiere traerme un tenedor limpio? Este está muy sucio.

Camarero: – ¡Cuánto lo siento! Se lo traigo en seguida, señorita.

La cuenta, por favor

Cliente: – ¡Camarero! La cuenta, por favor.

Camarero: – En seguida, señorita. Vamos a ver. ¿Qué ha tomado usted?

Cliente: – Pero, ¿no sabe usted lo que he tomado?

Camarero: – Perdóneme, señorita, pero hoy no me encuentro bien, y me he olvidado. De primero era ensalada mixta, ¿verdad?

Cliente: – Eso es. Y luego tomé ternera asada, un flan y media botella de vino blanco.

Camarero: – ¡Ah, sí! Ahora me acuerdo. Aquí tiene usted. Son ochocientas treinta pesetas.

Cliente: – Un momento, por favor. ¿Quiere traerme el menú? Me parece que usted se ha equivocado y que aquí hay un error.

Camarero: – ¿Un error, señorita?

Cliente: – Sí. Mire. Usted ha puesto trescientas pesetas por la ternera y sólo vale doscientas cincuenta.

Camarero: – ¡Huy, es verdad! Lo siento mucho, señorita. Entonces son setecientas ochenta pesetas, ¿verdad?

Cliente: – Eso es. Aquí tiene usted ochocientas pesetas. Quédese con la vuelta.

Camarero: – Gracias, señorita, y perdone las molestias.

Cliente: – De nada. Adiós.

Camarero: – Adiós, señorita.

Por tierras de España

Marta: – ¡Hola, Juan! ¿Dónde has ido esta mañana?

Juan: – He ido a ver la Catedral de la Sagrada Familia.

Marta: – ¿De veras? ¿Dónde está esa catedral?

Juan: – Está en la Calle de Provenza.

Marta: – ¿Está abierta al público?

Juan: – Claro que está abierta.

Marta: – ¿Cuánto vale la entrada?

Juan: – Vale cincuenta y cinco pesetas.

Marta: – Y, ¿has entrado?

Juan: – Sí; es una catedral preciosa.

Marta: – ¿Cuándo se construyó?

Juan: – Pues, no la han terminado todavía, y la están construyendo.

Marta: – ¿Has sacado algunas fotos con esa máquina que te regalé?

Juan: – Sí; he subido a las torres y he sacado muchas fotos de toda la catedral. Ya te las enseñaré.

Recuerdos

Juan: – ¿Dónde has estado tú, Marta?

Marta: – He ido de compras al centro de la ciudad.

Juan: – ¿Qué has comprado?

Marta: – Pues, he comprado estos pendientes para mi madre y este reloj para mi padre. ¿Te gustan los pendientes?

Juan: – Sí, son muy bonitos. ¿Cuánto te han costado?

Marta: – No mucho; sólo dos mil quinientas pesetas. Claro que el reloj era algo más caro.

Juan: – ¿Cuánto has gastado en el reloj?

Marta: – Quince mil pesetas, pero el vendedor me ha dicho que es de oro. ¿Has encontrado tú algunos regalos para tus padres?

Juan: – Todavía no, pero tienen cosas muy bonitas en aquella tienda. ¿Te gustaría ayudarme a escoger algunos regalos?

Marta: – Claro que sí. Vamos.

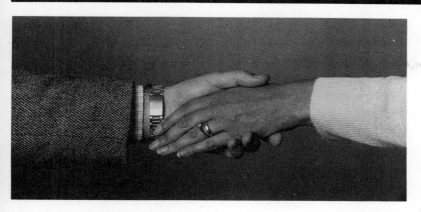

¡Cuánto tiempo sin verte!

María: – ¡Hola, Pedro! Llevas mucho tiempo sin aparecer por el pueblo. ¿Dónde has estado?

Pedro: – Pues, he estado enfermo.

María: – ¿De veras? ¿Era grave?

Pedro: – No, no era muy grave, pero me dolía mucho el estómago y el médico no sabía lo que tenía. He estado en el hospital en Madrid.

María: – Y, ¿qué era?

Pedro: – No lo sé todavía. Acabo de volver de Madrid, y los médicos de allí van a mandar una carta a mi médico aquí en el pueblo. Lo sabré dentro de dos o tres días.

María: – Pero, ahora te encuentras mejor, ¿verdad?

Pedro: – Sí, gracias.

María: – ¡Cuánto me alegro!

¿Has entendido?

¡Qué restaurante!

¿Verdad o mentira?

1 De primero la señorita ha tomado sopa de cebolla.

2 El camarero acaba de servir las últimas chuletas a otro cliente.

3 La señorita ha pedido media botella de vino tinto.

4 La clienta ha dicho al camarero que el vaso estaba muy sucio.

¿Puedes corregir las frases que son 'mentira'?

La cuenta por favor

1 ¿Qué le pasa al camarero?

2 ¿Qué ha tomado la señorita?

3 ¿Cuánto ha cobrado el camarero por la ternera asada?

4 ¿Cuánto ha cobrado por fin?

5 ¿Ha dado la clienta una propina al camarero?

Por tierras de España

Answer the following questions in English.

1 Where has Juan been?

2 Could he go in?

3 How much did he pay to go in?

4 When was the church built?

5 What souvenir will he have of his visit?

Recuerdos

List briefly where Marta has been, what she has bought and how much she spent.

¡Cuánto tiempo sin verte!

Write down in Spanish the phrases which translate the following English phrases.

1 You haven't been seen in the village for a long time.

2 I've been in hospital.

3 I don't know yet.

4 I'll know in a few days.

5 I'm so glad.

Resumen

¡Qué restaurante!

| ¿Le han traído | el menú? |
| | la cuenta? |

¿Le ha gustado	la sopa?
	la ternera?
	el bistec?
	el flan?

¿Le han gustado	las chuletas?
	los calamares?
	los canalones?

¿Ha escogido usted?	Sí, voy a tomar	entremeses.
		sopa de ajo.
		una tortilla francesa.
		ternera en su jugo.
		un helado de chocolate.

¿Quiere usted	probar la especialidad de la casa?	
	traerme	el menú?
		un tenedor?
		un cuchillo?
		una cuchara?
		otra botella de vino tinto?
		la cuenta?

¿Ha probado usted	merluza a la romana?
	leche frita?
	horchata?

Por tierras de España

¿Has estado en	España?
¿Ha estado usted en	Portugal?
¿Habéis estado en	Italia?
¿Han estado ustedes en	Francia?

¿Qué	región ha visitado usted?	He visitado Cataluña.
	parte has visitado?	He visitado el oeste.
	ciudad habéis visitado?	Hemos visitado Barcelona.
	pueblo han visitado ustedes?	Hemos visitado Chinchón.

¿Ha visto usted	la Alhambra?	No, no la he visto.
¿Has visto	la Giralda de Sevilla?	Sí, la he visto; es preciosa.
¿Habéis visto	los molinos de Campo de Criptana?	Sí, los hemos visto.
¿Han visto ustedes	la plaza de toros de Ronda?	No, pero nos gustaría verla.

¿Qué has hecho?

¿Qué	has hecho esta mañana?	He estado de tiendas.
	ha hecho usted hoy?	He visitado el Museo del Prado.
	han hecho ustedes esta tarde?	Hemos visto un partido de fútbol.
	habéis hecho esta noche?	Hemos escrito cartas a casa.

¿Han vuelto los niños?   Sí, acaban de volver.

¿Has escrito la carta?   Sí, acabo de escribirla.

¿Ha llegado el autobús?   Sí, acaba de llegar.

Actividades

Cada oveja con su pareja
(Primera parte)

En el restaurante

Find out what your partner had for lunch and how much it cost. Then answer your partner's questions, taking your answers from the restaurant bill.

¿Qué has tomado primero?

¿Qué ha tomado tu amigo?

¿Qué has tomado de segundo plato?

¿Y tu amigo?

¿Has tomado postre?

¿Qué has bebido con la comida?

¿Cuánto te ha costado todo?

Bar - Restaurante
BOGA - BOGA
ESPECIALIDAD EN PLATOS TIPICOS DE PESCADO Y MARISCOS
JESUS SANTOVENIA ANDRES
SAN VICENTE DE LA BARQUERA   Teléfono 71 01 35
Mesa núm. _____ 3 de 9 _____ de 198.4

Sr. _____

Cantidad	CONCEPTO	IMPORTE
1	Sopa pescado	250
1	tortilla francesa	300
1	solomillo	525
1	chuleta	400
	postre	270
2	pan, vino	230
	cafés	80
		2050

TOTAL a pagar. . . 2050

Cada oveja con su pareja
(Segunda parte)

Hablando de las vacaciones

Find out what your partner knows about Spain, and then answer his questions, using the information given here.

¿Has estado en España?	Sí, dos veces.	Now use the questions and others which you make up yourself to find out genuinely what your partner knows about the countries of Europe.
¿Qué regiones has visitado?	El norte y el centro.	
¿Has visitado Sevilla en el sur?	No; San Sebastián y Bilbao.	
¿Has visto la Alhambra de Granada?	Sí; una vez.	
¿Qué otras ciudades has visitado?	Madrid y Toledo.	
¿Has visto la Mezquita de Córdoba?	Sí; muy bonitos.	

109

Cada oveja con su pareja
(Primera parte)

En el restaurante

Find out what your partner had for lunch and how much it cost. Then answer your partner's questions, taking your answers from the restaurant bill.

¿Dónde has comido hoy?

¿Cuál es la especialidad de ese restaurante?

¿Qué has tomado primero?
¿Y tu amigo?

¿Qué has tomado después?
¿Y tu amigo?

¿Habéis tomado postre?

¿Cuánto te ha costado todo?

MESA

CAMARERO (10

DE

DE 19

REF. 1111 - Sistemas de Control, S. A.

PESETAS | CTS.

1	Esparragos	300	
1	Croquetas	200	
1	Butiforra p	250	
1	Riñones	250	
	pan Vino	150	
1	Elado	80	
2	cafe	80	
		1310	

00493 - 47   TOTAL

Cada oveja con su pareja
(Segunda parte)

Hablando de las vacaciones

Find out what your partner knows about Spain, and then answer his questions, using the information given here.

¿Has estado en España?

¿Qué regiones has visitado?

¿Has visitado Santander en el norte?

¿Has visto los Picos de Europa?

¿Qué otras ciudades has visitado?

¿Has visto los cuadros del Greco en Toledo?

Sí, una vez.
El sur.
No, Granada.
Sí; impresionante.
Córdoba.

No; cerrada.

Ahora te toca a ti

Work out and write down the following role-plays with your partner, taking it in turn to be **A** or **B**. Practise the role-play with your partner.

A: ¿Dónde has ido esta mañana?
B: Shopping in the city centre.

A: ¿Qué has comprado?
B: Presents for the family.

A: Pero, ¿qué has comprado exactamente?
B: Necklace for your sister and a pen for your mother.

A: ¿Cuánto te ha costado el collar?
B: 1.500 pesetas.

A: ¿Y el bolígrafo?
B: Only 800 pesetas.

A: Y tú, ¿has ido de compras?
B: Yes; department stores in the main street.

A: ¿Qué has comprado?
B: Typical souvenirs of Spain.

A: ¿De veras? ¿Qué has comprado exactamente?
B: A small statue of Don Quijote and a leather handbag.

A: ¿Te ha costado mucho la estatua?
B: No, only 550 pesetas.

A: Y, ¿cuánto has gastado en el bolso?
B: 2,700 pesetas.

Ejercicios

Ejercicio número uno

Ejemplo: ¿Vas a visitar la catedral hoy? No, ya la he visitado.

1 ¿Vas a ver la película esta tarde?
2 ¿Vas a terminar el trabajo hoy?
3 ¿Vas a escribir a tu tío hoy?
4 ¿Vas a decir la dirección al señor?
5 ¿Vas a hacer la maleta ahora?

Ejercicio número dos

Ejemplo: ¿Han vuelto los niños? Sí, acaban de volver.

1 ¿Has sacado las entradas?
2 ¿Ha salido Paco?
3 ¿Habéis escogido los recuerdos?
4 ¿Han abierto los chicos sus regalos?
5 ¿Has puesto la mesa?

Ejercicio número tres

Find the Spanish equivalent of the phrases in the first column from the second column.

1 You've made a mistake.	¿Cuánto te ha costado?
2 Is it open to the public?	Me dolía mucho el estómago.
3 I think there's a mistake.	¿Cuánto vale la entrada?
4 I'm so glad.	Lo siento mucho.
5 How much did it cost you?	¿Cuándo se construyó?
6 I had a severe stomach ache.	¿Está abierto al público?
7 What does it cost to go in?	He estado enfermo.
8 I'm very sorry.	¡Cuánto me alegro!
9 When was it built?	Usted se ha equivocado.
10 I've been ill.	Me parece que hay un error.

Ejercicio de comprensión

¿Comprendes bien el español hablado?

¡Qué restaurante!

Escucha los diálogos siguientes y, después de cada uno, escribe en inglés el problema que tiene el cliente.

De compras

Escucha cada una de las dos conversaciones y, después de cada una, contesta a las preguntas en inglés.

1 En la calle

1 What has Roberto been doing?
2 What has he bought?
3 What does Marisol think about the present Roberto has bought for his mother?
4 How much did it cost?
5 What is it made of?
6 What does Marisol think about the other present?
7 Why does Roberto think he cannot change his father's habits?

2 En la cafetería

1 How has Juana been helping Patricia?
2 What has Patricia bought?
3 What did she pay for each of the three presents?
4 What does Juana order in the cafeteria?

Lectura

Passaport al bon menjar

Este 'pasaporte' está escrito en español y en catalán, otro idioma que se habla en España. Lee el 'pasaporte' con cuidado, y luego contesta a las preguntas en inglés.

1 Does Spanish appear first on the passport or Catalan?
2 What happens when you eat at this restaurant?

3 How do you earn your free meal to a value of 500 pesetas?
4 What happens if you personally cannot go back to the restaurant?

PASSAPORT AL BON MENJAR

CAN SOLE

PASSEIG, 51   TELÉF. 886 22 18

CONDICIONS PER A LA UTILITZACIÓ D'AQUEST
PASSAPORT AL BON MENJAR

Us l'ofereix gratuïtament «CAN SOLÉ» RESTAURANT - VIC.

1. – Quan vindreu a menjar al nostre establiment, us seran visats un o més d'un tiquets, d'acord amb l'import de la vostra consumició.
2. – Tan bon punt el vostre passaport porti una plana visada ens plaurà d'oferir-vos un àpat d'obsequi per un valor de 500 pessetes.
3. – Aquest passaport NO és personal i, per tant, és transferible i el pot utilitzar qualsevol persona.

SEMPRE SEREU BEN REBUTS

★ ★ ★

CONDICIONES PARA LA UTILIZACIÓN DE ESTE
PASAPORTE A LA BUENA COMIDA

Ofrecido gratuitamente por «CAN SOLÉ» RESTAURANT - VIC.

1. – Cuando Vd. venga a comer a nuestro establecimiento le serán visados uno o más tikets, de acuerdo con el importe de su consumición.
2. – A partir del momento en que su pasaporte presente una página visada nos complaceremos en ofrecerle una comida gratuita por un valor de 500 pesetas.
3. – Este pasaporte NO es personal y, por tanto, es transferible a cualquier persona.

SIEMPRE SERÁ VD. BIEN RECIBIDO

VIC. CAPITAL GASTRONOMICA

El Hotel Alfonso VIII

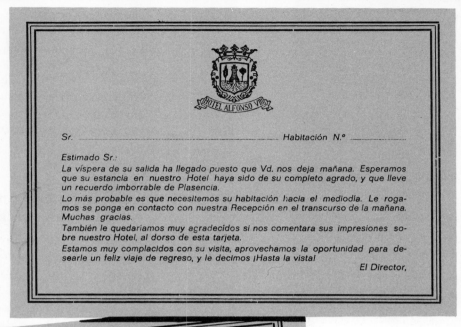

Sr. ....   Habitación N.° ....

Estimado Sr.:

La víspera de su salida ha llegado puesto que Vd. nos deja mañana. Esperamos que su estancia en nuestro Hotel haya sido de su completo agrado, y que lleve un recuerdo imborrable de Plasencia.

Lo más probable es que necesitemos su habitación hacia el mediodía. Le roga-mos se ponga en contacto con nuestra Recepción en el transcurso de la mañana. Muchas gracias.

También le quedaríamos muy agradecidos si nos comentara sus impresiones so-bre nuestro Hotel, al dorso de esta tarjeta.

Estamos muy complacidos con su visita, aprovechamos la oportunidad para de-searle un feliz viaje de regreso, y le decimos ¡Hasta la vista!

El Director,

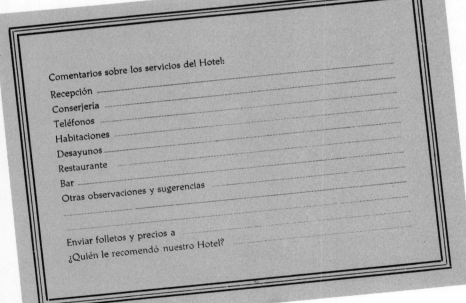

Comentarios sobre los servicios del Hotel: ....

Recepción ....
Conserjería ....
Teléfonos ....
Habitaciones ....
Desayunos ....
Restaurante ....
Bar ....
Otras observaciones y sugerencias ....

Enviar folletos y precios a ....
¿Quién le recomendó nuestro Hotel? ....

Lee con cuidado este cuestionario, y luego contesta a las preguntas en inglés.

1 What does the management of the hotel wish you to do?

2 Where is this hotel?

3 When must you vacate your room?

4 What does the management ask you to do?

5 Which of the hotel services does the management ask you to comment on?

6 What are the final two things the management wishes to know?

Gramática

1 Saying what you have done: the Perfect Tense *See page 138*

The Perfect Tense is used to express what you have done in the recent past.

He comprado una cartera para mi tío.
I have bought a briefcase for my uncle.

¿Ha llegado el taxi?
Has the taxi arrived?

Negatives are placed before the whole verb.

No he visitado Italia.
I have not visited Italy.

Pronouns are also placed before the whole verb.

¿Has terminado el trabajo? No lo he terminado todavía.
Have you finished the work? I haven't finished it yet.

Some Past Participles are irregular (See page 138.) Those found in this lesson are as follows:

¿Has visto el programa?
Have you seen the programme?

Ha abierto el paquete.
He has opened the packet.

He hecho todos mis deberes.
I have done all my homework.

Me he puesto la falda nueva.
I have put on my new skirt.

¿Qué has dicho?
What have you said?

2 Saying what you have just done: *acabar de* plus the Infinitive

To express what you have just done, you use the Present Tense of the verb *acabar de* with the Infinitive.

Acabo de comprar un regalo en aquella tienda.
I have just bought a present in that shop.

Remember that pronouns can be placed either on the end of the Infinitive or before the whole verb.

¿Has terminado el trabajo?
Sí, acabo de terminarlo.
Sí, lo acabo de terminar.
Have you finished the work? Yes, I've just finished it

Vocabulario

abrigo (m) *shelter, overcoat*
alojarse *to stay (at a hotel)*
aparecer *to appear*
atender (ie) *to attend to, look after*
cambiar *to change (money, etc.)*
cuchara (f) *spoon*
cuchillo (m) *knife*

equivocarse *to make a mistake*
escoger *to choose*
estático *static, immobile*
exigencia (f) *demand, requirement*
fama: tener . . . de *to have the reputation for . . .*
hacer la maleta *to pack a suitcase*
instalarse *to stay (at a hotel)*
olvidar *to forget*
paraje (m) *place, spot*
pernoctar *to spend the night*

poner la mesa *to lay the table*
predominio (m) *superiority, majority*
prensa (f) *press, newspapers*
quejarse *to complain*
recuerdo (m) *souvenir, memory*
red (f) *net, network*
regalar *to give a present*
sucio *dirty*
tenedor (m) *fork*
tercio (m) *a third*
usanza (f) *use, custom, tradition.*

El español en el mundo

Aims

1 Talking about future intentions

2 Expressing what you need in order to be able to do something

3 Suggesting, persuading and advising

Frases clave

1 ¿Qué piensas hacer?

¿Qué piensas hacer el año que viene?
What are you thinking of doing next year?

Quiero seguir estudiando después de aprobar los exámenes.
I want to carry on studying after passing the exams.

¿Te gustaría ir a la universidad cuando dejes el colegio?
Would you like to go to university when you leave school?

Sí, tengo la intención de ir a la universidad o a un politécnico.
Yes, it's my intention to go to a university or a polytechnic.

Creo que iré a trabajar en el extranjero al dejar este colegio.
I think I'll go and work abroad on leaving this school.

Quisiera ser secretaria, pero es difícil conseguir un puesto.
I'd like to be a secretary, but it's difficult to get a job.

2 ¿Qué te hace falta para hacer eso?

Antes de ir a la universidad, tendré que sacar buenas notas en los exámenes.
Before going to university, I shall have to get good marks in the exams.

Es difícil conseguir un puesto sin saber escribir a máquina.
It's difficult to get a job without knowing how to type.

Para ser ingeniero, hay que estudiar mucho.
In order to be an engineer, you have to study a lot.

Lo más importante es tener un trabajo interesante.
The most important thing is to have an interesting job.

Tendré que estudiar otros dos o tres años antes de llegar a ser abogado.
I'll have to study for two or three more years before becoming a lawyer.

3 ¿Qué me aconsejas?

¿Por qué no quieres seguir estudiando?
Why don't you want to carry on studying?

Porque quiero ganar dinero y divertirme.
Because I want to earn money and have a good time.

Te recomiendo que vayas a España.
I recommend you to go to Spain.

Le aconsejo aprender a escribir al dictado.
I advise you to learn to take shorthand.

¿Por qué no aprendes a trabajar con ordenadores?
Why don't you learn to work with computers?

Informaciones

El español en el mundo

El tres de agosto de 1492 Cristóbal Colón salió del puerto de Palos en el sur de España y navegó hacia el oeste para descubrir una nueva ruta a la India. El doce de octubre del mismo año Colón llegó a la isla de Guanahaní y creyó que había descubierto la India. Por eso dio el nombre de indios a los habitantes, nombre que llevan hasta hoy. Colón hizo tres viajes más a la América del Sur en 1493, 1498 y 1502. En su tercer viaje descubrió la tierra firme de América sin saber que había llegado a un nuevo continente. Al morir en Valladolid el veinte de mayo de 1506 creía todavía que América del Sur era, de hecho, la India.

Otros españoles pronto viajaron al Nuevo Mundo y empezaron a explorar los países del continente, y los Reyes Católicos de España, Fernando e Isabel, pidieron al Papa Alejandro VI el reconocimiento de sus derechos en las tierras descubiertas. El Papa señaló una línea de demarcación que iba de polo a polo cien leguas al Oeste de las Islas Azores y dijo que todas las tierras que se descubrieran al oeste de la línea serían españolas. El Rey Juan II de Portugal no aceptó esta demarcación y, después de nuevas negociaciones, el 7 de julio de 1494 fue firmado el Tratado de Tordesillas que puso la línea de demarcación trescientas setenta leguas al oeste de las Islas de Cabo Verde. Como se ve en el mapa, casi todo el continente de América del Sur quedó en manos de los españoles y sólo el Brasil fue explorado por los portugueses. Por eso, hoy en día, el español se habla en más de quince países de la América del Sur y la América Central y sólo los brasileños hablan portugués.

¿Es útil el español?

El inglés y el español son los dos idiomas más importantes del mundo, y el que sabe hablar el inglés y el español puede comprender a más gente en más países que con cualesquiera otros dos idiomas. Claro que hay más gente que hablan el ruso y el chino, pero todos los rusos viven en Rusia y los chinos en China. Además, no hay un solo idioma 'ruso' sino muchos y lo mismo pasa con el chino, mientras que el español que se habla en la América del Sur no es muy distinto del español que se habla en la Península Ibérica. Así pues el hispanoparlante puede comprender a los argentinos, a los peruanos, a los mejicanos y a los otros muchos habitantes de los países de la América del Sur y la América Central.

El español es útil también para el comercio internacional porque hay muchas compañías que quieren exportar sus productos a España o a la América del Sur e importar cosas de estos países y, claro, hay que escribir cartas en español, comprender cartas escritas en español y hablar español con los representantes de compañías españolas o sudamericanas.

España es el país más popular entre los turistas europeos y hay grandes oportunidades en la industria del turismo para el que hable español bien. También para el turista es muy importante hablar español porque todo el mundo sabe que el que no puede decir ni 'Buenos días' al recepcionista de su hotel o al camarero en el restaurante no va a pasar unas buenas vacaciones en España.

La cultura española está también entre las más ricas del mundo y es muy diferente de la cultura de otros países de Europa. Vale la pena conocerla: las grandes novelas, la hermosa poesía y la magnífica música; todo abierto al hispanoparlante, pero cerrado a la persona que no sabe hablar español.

Did you understand?

Answer the following questions in English.

1 Why did Columbus sail west?
2 How long did his first journey last?
3 What did he think he had discovered?
4 How is his mistake still remembered?
5 On which journey did he discover the mainland of South America?
6 Who appealed to the Pope and why?
7 What judgement did the Pope make?
8 Who objected and where was the line of demarcation finally placed?
9 What has been the longterm result of this judgement?

¿Es útil el español?

List briefly in English the advantages the Spanish speaker has.

Conversaciones

Las ambiciones de Marta

Juan: – ¿Qué vas a hacer el año que viene, Marta?

Marta: – Voy a seguir estudiando aquí en el colegio.

Juan: – Ah, sí. Y, ¿qué quieres estudiar?

Marta: – No lo sé todavía. Todo depende de las notas que saque en los exámenes, pero me gustaría estudiar el inglés, el francés y el español.

Juan: – ¿De veras? Pero, ¿por qué te interesan tanto los idiomas?

Marta: – Porque quiero ser profesora de idiomas en un Instituto.

Juan: – Pero, ¿no tienes que ir a la universidad para hacer eso?

Marta: – Sí. Quisiera ir a la Universidad de Cáceres. Dicen que ahí tienen una Facultad de Idiomas muy buena.

Juan: – Bueno. Que tengas suerte en los exámenes.

Marta: – Gracias, Juan.

El futuro de Manuel

María: – ¿Qué vas a hacer después de terminar tus estudios, Manuel?

Manuel: – Tengo la intención de hacerme bombero.

María: – ¡Bombero! Es un trabajo muy peligroso, ¿no?

Manuel: – ¡Qué va! No es peligroso, pero es muy interesante y yo no quiero un trabajo aburrido. No quiero estar sentado en una oficina todo el día.

María: — Pero, ¿qué necesitas para ser bombero?

Manuel: — Pues hay que aprobar los exámenes de matemáticas, de lengua española, y es muy útil saber algo de física y de química.

María: — Y, ¿tú vas a salir bien de esas asignaturas?

Manuel: — Sí, creo que sí. Estoy muy fuerte en matemáticas y no voy mal de física y química.

María: — ¿Vas a cobrar mucho? ¿Pagan bien a los bomberos?

Manuel: — No pagan mal, pero no me importa tanto el dinero. Como ya te he dicho, quiero un trabajo interesante.

María: — Espero que todo te vaya bien, Manuel.

Manuel: — Gracias, María.

Ana María: modista

Paco: — ¿Estarás aquí en el instituto el trimestre que viene, Ana María?

Ana María: — ¡No, señor! Ya sabes que me aburro aquí. No me gusta nada estudiar.

Paco: — ¿Qué piensas hacer entonces?

Ana María: — Voy a ser modista. Me encanta la moda y sé que me gustará mucho hacer vestidos bonitos para la gente.

Paco: — Pero, ¿no es difícil encontrar trabajo?

Ana María: — Sí, creo que sí, pero a mí no me importa eso, porque ya tengo un puesto en la tienda de modas de mi tío.

Paco: — ¿Qué tendrás que hacer? ¿En qué consiste el trabajo?

Ana María: — Primero voy a hacer los pequeños cambios a los vestidos hechos que vende mi tío, pero más tarde haré vestidos originales y, por fin, tendré mi propia tienda de modas.

Paco: — Ya veo que tienes tu futuro muy bien planeado, Ana María.

Ana María: — Sí, lo tengo todo muy bien pensado. No soy tan tonta como creen muchos de los profesores de aquí, ¿sabes?

Paco: — Ya lo sé, Ana María, ya lo sé.

En el taller de coches

Pepa: — ¿Te interesa la idea de seguir estudiando, Alonso?

Alonso: — No. Quiero empezar a trabajar y pasarlo bien.

Pepa: — ¿Tienes un puesto ya?

Alonso: — Todavía no, pero quiero entrar a trabajar en un taller de coches.

Pepa: — ¿Te interesan los coches, entonces?

Alonso: — Francamente me interesan más las motos, pero hoy en día es imposible encontrar trabajo en un taller de motos porque hay tantos jóvenes como yo que quieren trabajar con motos.

Pepa: — Y, ¿qué harás en el taller?

Alonso: — Pues, arreglaré los coches y también venderé gasolina, aceite y otras cosas.

Pepa: – Ya veo que no tienes mucha ambición, Alonso.

Alonso: – Sí que la tengo. Mi ambición es trabajar poco, ganar bastante y pasarlo bien con mis amigos.

¿Qué me aconseja usted?

Director: – Usted quería hablarme de su carrera después de dejar el colegio, ¿verdad?

Chica: – Eso es, señor director. ¿Qué me aconseja usted?

Director: – Dígame, ¿qué cosas le interesan más?

Chica: – Pues me interesan mucho las matemáticas y me gusta también el latín.

Director: – Bien. Su tutor me dice que es usted muy lista, muy trabajadora y muy formal. ¿Cuáles son sus pasatiempos cuando no está estudiando? Los chicos y las discotecas, ¿no?

Chica: – Pues, no exactamente, señor director. Claro que me gusta salir con mis amigos de vez en cuando pero, francamente, lo que me gusta más es estar en casa leyendo un buen libro que me interese.

Director: – Perfecto. Pues, ¿por qué no aprende usted a trabajar con ordenadores? Es una carrera excelente para chicas de su edad.

Chica: – ¿Es preciso ir a la universidad para hacer eso?

Director: – Claro que sí. Es una carrera universitaria de cuatro o cinco años.

Chica: – Y, ¿usted me recomienda que vaya a la universidad?

Director: – Sí. Pero lo más importante es encontrar una buena carrera para usted. Hable con sus padres y vuelva a verme otra vez mañana a las cuatro y media de la tarde. ¿De acuerdo?

Chica: – De acuerdo, señor director, y muchas gracias.

Director: – De nada, Carmen; estoy aquí para ayudarla.

¿Has entendido?

Las ambiciones de Marta

¿Verdad o mentira?

1 Marta volverá al colegio el año próximo.
2 Le interesan mucho las ciencias naturales.
3 Quiere hacerse intérprete.
4 Irá a la Universidad de Cáceres para hacer la carrera universitaria.

El futuro de Manuel

Answer the following questions in English.

1 What does Manuel want to be after leaving school?
2 What is María's opinion of the job?
3 What does Manuel want to avoid?
4 What subjects does he need for the job, and which would be useful?
5 What is he like in the essential subjects?
6 What is the pay like?

Ana María: modista

Contesta en español.

1 ¿Por qué quiere Ana María dejar el Instituto?
2 ¿A qué quiere dedicarse?
3 ¿Por qué quiere hacer eso?
4 ¿Cómo va a conseguir un puesto?
5 ¿En qué consistirá su trabajo primero? ¿Y más tarde?
6 ¿Qué ambición tiene Ana María?
7 ¿Qué opinión tiene sus profesores de ella?

En el taller de coches

Escribe en español las frases que significan lo siguiente.

1 I'm more interested in motorbikes.
2 I'll sell petrol, oil and other things.
3 You're not very ambitious.
4 Yes I am.

¿Qué me aconseja usted?

Without translating word for word, write a brief summary in English of the conversation between the girl and her headmaster.

Resumen

¿Qué	piensas		el año que viene?
	piensa usted		el trimestre que viene?
	quieres	hacer	después de aprobar los exámenes?
	quiere usted		antes de empezar a trabajar?
			antes de ir a la universidad?

Quiero	seguir estudiando	después de aprobar los exámenes.
Querría	hacer otro curso	en este colegio.
Quisiera		en otro colegio.
		en la universidad.

¿Te	gustaría	ir a la universidad cuando dejes el colegio?
¿Le	interesaría	empezar a trabajar cuando usted deje el colegio?
		trabajar en otra ciudad?
		trabajar en otro país?
		visitar otros países?
		ser secretaria?
		ser dependiente?
		ser dentista?
		ser mecánico?
		ser modelo?

Tengo la intención de		seguir estudiando.
	aprender a	escribir a máquina.
		ser cocinero.
		conducir un camión.
	ser	peluquera.
Tengo la intención de		actor/actriz.
		profesor.
	hacerme	médico.
		empleado de oficina.

Antes de	ir a la universidad		aprobar los exámenes.
	empezar a trabajar		encontrar un trabajo.
	hacerme cocinero	tendré que	aprender a cocinar.
	hacerme rico		trabajar mucho.

Para ser	ingeniero	hay que	estudiar mucho.
	modelo	es preciso	ser muy guapo.
	mecánico		comprender bien los motores.
	bombero		ser muy fuerte y estar muy sano.

Lo más	importante	es	tener un trabajo interesante.
	difícil	és	encontrar un puesto.
			no aburrirse en el trabajo.

¿Por qué no	quieres	seguir estudiando?
	quiere usted	ir a la universidad?
	te interesa	ser enfermero?
	le interesa	estudiar el francés?
		hacerte actor/actriz?
		hacerse ingeniero?

Te	recomiendo que	vayas a otro colegio.
Le		vaya usted a otro colegio.
		aprendas a hablar español.
		aprenda usted a hablar español.
		estudies la geografía.
		estudie usted la economía política.

Te	aconsejo	dejar el colegio.
Le		trabajar con niños.
		trabajar con ordenadores.
		volver al colegio.
		ir a otro colegio.

Actividades

Cada oveja con su pareja

Lo que voy a hacer en la vida

Contesta a las preguntas de tu compañero,
usando la información que se encuentra aquí.
Luego tu compañero contestará a tus preguntas.

¿Vas a volver al colegio el año que viene?

¿Qué vas a hacer entonces?

¿En qué quieres trabajar?

¿Tienes un puesto ya?

¿No es aburrido ese trabajo?

Sí.

Inglés, francés y español.

Me gustan; ir a la universidad.

Profesor de idiomas; comercio internacional; guía.

Bastante; sobre todo el trabajo tiene que ser interesante.

Actividades

Las ambiciones de la juventud

Look again at the first of the Conversaciones, *Las ambiciones de Marta*, and rewrite it to fit the following facts, one set for you and one for your página 123.

A: Asignaturas: la física, la química y la biología: médico en un hospital: Facultad de Medicina de la Universidad de Barcelona.

B: Asignaturas: las matemáticas, la economía política, el inglés: representante de una compañía de ordenadores: Facultad de Economía Política de la Universidad de Salamanca.

Practise the new dialogues with your partner.

Cada oveja con su pareja

Lo que voy a hacer en la vida

Contesta a las preguntas de tu compañero, usando la información que se encuentra aquí. Luego tu compañero contestará a tus preguntas.

¿Vas a seguir estudiando el año que viene?

¿Qué quieres estudiar?

¿Por qué vas a hacer esas asignaturas?

¿Qué trabajo quieres hacer por fin?

¿Se paga bien esa carrera?

Ahora repite las preguntas y esta vez tienes que decir la verdad.

> No.
> Empezar a trabajar.
> Empleado de banco.
> Todavía no: difícil de encontrar un puesto.
> Bastante: seguro; se paga bastante bien.

Cuestionario vocacional

He aquí un cuestionario vocacional. Escribe una A para los temas que te interesan y una B para los que no te interesan. Mira los resultados en la página 123.

1 Dificultades y gastos para la organización de un periódico.
2 La corriente eléctrica.
3 Opiniones sobre la existencia, el espacio y el tiempo.

Hablando personalmente

Look again at the second of the Conversaciones, *El futuro de Manuel*, and complete the following phrases in keeping with *your* future intentions:

1 Tengo la intención de . . .
2 No es peligroso, pero es . . .
3 Hay que aprobar los exámenes de . . .
4 Estoy muy fuerte en . . . y no voy mal de . . .
5 Como ya te he dicho, quiero . . .

4 La fuerza del mar y del viento como fuentes de riqueza.
5 Proyectos para la construcción de motores.
6 Semejanzas y diferencias de los idiomas francés, inglés y alemán.
7 Métodos para obtener beneficios de las minas.
8 Reglas de construcción gramatical.
9 Historia de la literatura universal.
10 Las construcciones de cemento.
11 Origen de la vida.

12 Reyes y revoluciones del siglo XIX.

13 Las mejores poesías de Asia.

14 Zonas agrícolas y mineras de la América del Sur.

15 Vida y obra de los grandes músicos.

16 Lo que debe saber todo agente comercial.

17 Plantas y flores: su clasificación y estructura.

18 Problemas y ejercicios difíciles de matemáticas.

19 El significado de las palabras.

20 Lo que todo abogado debe saber.

Ejercicios

Ejercicio número uno

¿Qué había pasado?

Completa las frases de una manera cómica.

Ejemplo: Al llegar al colegio, vi que el gato . . .
Al llegar al colegio, vi que el gato se había comido a la profesora.

1 Al salir a la calle, vi que el autobús . . .

2 Cuando llegué a casa, me di cuenta de que mi perro . . .

3 Al entrar en la discoteca, me dijeron que mis amigos . . .

4 Cuando volví a la casa de mi amigo, su padre me dijo que mi amigo . . .

5 Al encontrar a mi amigo por la calle, vi que . . .

Ejercicio número dos

¡Salió sin desayunar!

Ejemplo: Paco fue al colegio. No tomó el desayuno.
Paco fue al colegio sin tomar el desayuno.

1 El cliente salió del restaurante. No pagó la cuenta.

2 Los chicos fueron a la discoteca. No hicieron sus deberes.

3 La chica salió a la calle. No se peinó.

4 La señora salió de la tienda de modas. No compró nada.

5 Anoche me fui a la cama. No me limpié los dientes.

Ejercicio número tres

¿Lo haces antes o después?

Ejemplo: ¿Te acuestas antes o después de ponerte el pijama?
Me acuesto después de ponerme el pijama.

1 ¿Haces los deberes antes o después de cenar?

2 ¿Te limpias los dientes antes o después de acostarte?

3 ¿Te peinas antes o después de lavarte por la mañana?

4 ¿Te pones los zapatos antes o después de salir a la calle?

5 ¿Lees un rato antes o después de dormirte?

Ejercicio de comprensión

¿Comprendes bien el español hablado?

En busca de trabajo

Listen to the following job interviews and then write down, in English, what job the applicant is applying for, what qualifications he or she has, and whether or not the application is successful. (If the applicant is unsuccessful, give the reason.)

Cuestionario vocacional: Resultados

A: 1, 3, 6, 8, 9, 12, 13, 15, 19, 20 = Escoge una carrera de la rama de letras: idiomas, historia, geografía, inglés, etc. y en que hay que tratar a la gente.

B: 2, 4, 5, 7, 10, 11, 14, 16, 17, 18 = Escoge una carrera de la rama de las ciencias: matemáticas, física, química, biología, etc. y en que se trabaje sin tratar demasiado a la gente.

Lectura

Look at these job adverts from a
Spanish newspaper. Then list
what the jobs are and what
exactly is required in each case.

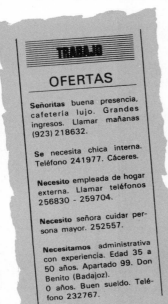

TRABAJO

OFERTAS

Señoritas buena presencia, cafetería lujo. Grandes ingresos. Llamar mañanas (923) 218632.

Se necesita chica interna. Teléfono 241977. Cáceres.

Necesito empleada de hogar externa. Llamar teléfonos 256830 - 259704.

Necesito señora cuidar persona mayor. 252557.

Necesitamos administrativa con experiencia. Edad 35 a 50 años. Apartado 99. Don Benito (Badajoz).
0 años. Buen sueldo. Teléfono 232767.

Muy señor nuestro:

Nuestra oficina en Madrid nos ha enviado la carta que Vd. dirigió al citado Organismo en el pasado mes de Noviembre solicitando informaciones de nuestro país. Siento muy de veras este retraso en contestarle y por ello, le ruego acepte nuestras disculpas.

Por correo separado le envío algunos folletos de España, aunque lamento informarle que no tenemos ninguna publicación sobre nuestra Organización o la del Ministerio.

Adjunto a ésta, le envío una hoja con las estadísticas del año 1.983. Si V. necesita más información a este respecto, le sugiero que escriba al
INSTITUTO ESPAÑOL DE TURISMO, Almagro 36, Madrid-4, Spain.

Esta Oficina posee una colección de fotografías en blanco y negro para la cual deberá ponerse en contacto con la Sra. Da. María Losada, cuyo teléfono es el 01- 569-3492, quien le atenderá con mucho gusto.

En caso de alguna duda, será un placer atenderle de nuevo.

Sin otro particular, le saluda atentamente,

Manuel García Rodriguez
Relaciones Públicas

A neighbour of yours, who knows you study Spanish at school,
brings you this letter and asks you to read it. Can you answer his
questions?

1 What happened to the letter he sent to Spain?
2 What is the writer of the letter apologising about?
3 What is the writer going to send to your neighbour?
4 What can he not send?
5 What has he sent with the letter?
6 If your neighbour wants more information, to whom should he write?
7 What can the office supply?
8 If your neighbour wants some, what should he do?

IMPORTANTE EMPRESA INTERNACIONAL
precisa

SECRETARIA DE DIRECCIÓN

SE REQUIERE:
- Formación a nivel de bachillerato superior y secretariado.
- Completo dominio de inglés, hablado y escrito.
- Correspondencia y taquimecanografía.
- Amplia experiencia en puesto similar en empresa importante.
- Capacidad de trato a todos los niveles y acusadas dotes de organización.

SE OFRECE:
- Importantes beneficios sociales.
- Jornada laboral continuada de 5 días semanales.
- Lugar de trabajo céntrico (Madrid).
- Incorporación inmediata.
- Percepción anual, del orden de 1.550.000 Ptas.

Las personas interesadas deberán escribir urgentemente, enviando "curriculum vitae", a la Oficina de Empleo INEM, C/ General Pardiñas, 5. MADRID-1, indicando la referencia Goya 28.117.341.

Consorcio de Organizadores y Consultores

TÉCNICO COMERCIAL

Para introducir **Instrumentación científica** y **vídeo profesional** en **Hospitales, Facultades Universitarias** y **Laboratorios Farmacéuticos.**

Zona a cubrir, **Madrid,** y viajes periódicos a Zona Sur y Centro.

Se valorará experiencia en ventas, estudios relacionados con medicina o afines y/o conocimientos de electrónica.

Es imprescindible coche propio. Sueldo bruto, 1.400.000 Ptas., más comisiones, dietas y Km. aparte.

SELECCIÓN

Enviar carta **manuscrita** con historial a la Ref. 83.524. Mayor de Gracia, 47. Barcelona

Look at these job adverts and then answer the following questions.

1 *Secretaria Recepcionista*

a) Where is the job?

b) Who can apply?

c) Which office skills are required?

d) Which language skills are needed?

e) What other qualifications are required?

f) What is offered?

g) What is the working week?

h) How will the salary be calculated?

2 *Técnico Comercial*

a) What does the job consist of?

b) What area of the country will the applicant have to cover?

c) Which qualifications are important?

d) What is absolutely vital?

e) How is the basic salary increased?

Gramática

1 Before and after   *See page 145*

Before . . . ing is expressed by *antes de* plus the Infinitive.

Antes de ir al colegio, cojo mis libros.
Before going to school, I pick up my books.

After . . . ing is expressed by *después de* plus the Infinitive.

Después de llegar al colegio, entro en la clase.
After arriving at school, I go into the classroom.

2 On/upon — ing   *See page 145*

To express *on/upon . . . ing*, you use *al* plus the Infinitive.

Al ver a mi amigo por la calle, le invité a tomar una cerveza.

On seeing my friend in the street, I invited him to have a beer.

3 Without — ing   *See page 145*

To express *without . . . ing*, you use *sin* plus the Infinitive.

Sin decir una palabra, cogió el dinero y se fue corriendo.
Without saying a word, he picked up the money and ran off.

4 In order to —   *See page 145*

To express *in order to . . .*, you use *para* plus the Infinitive.

Para ser ingeniero, hay que estudiar mucho.
In order to be an engineer, you have to study hard.

5 It is necessary, you ought to, one must, etc.   *See page 145*

All of these expressions can be conveyed with the single phrase *hay que* plus the Infinitive.

Hay que visitar Sevilla.
You ought to visit Sevilla.

6 The difficult part, thing, bit, aspect, etc.

To express any of these phrases, you can use *lo* with an adjective.

Lo difícil es la gramática.
The difficult part is the grammar.

The adjective can be changed by adding *más*.

Lo más importante es tener un trabajo interesante.
The most important thing is to have an interesting job.

7 Saying what had happened – the Pluperfect Tense   *See page 145*

To say what had happened, you use the Pluperfect Tense which is formed with the Imperfect of *haber* and the Past Participle.

Cuando llegué a su casa, ya se había marchado.
When I arrived at his house, he had already left.

Cristobal Colón creyó que había descubierto un país nuevo.
Christopher Columbus believed that he had discovered a new country.

Vocabulario

abogado (m) *lawyer*
aconsejar *to advise*
aprobar (ue) *to pass (test, exams, etc.)*
carrera (f) *career*
centralita (f) *telephone switchboard*
cobrar *to earn, get paid*
derecho (m) *right, law*
descubrir *to discover*
dietas (f.pl.) *expenses*

disculpa (f) *apology*
exigir *to demand, require*
éxito: tener . . . *to succeed*
facultad (f) *faculty, department*
formal *well-educated, polite*
fuente (f) *source, fountain, dish*
fuerza (f) *force, power, strength*
hispanoparlante (m/f) *Spanish-speaker*
imprescindible *essential*
legua (f) *league (about 3 miles)*
listo *clever (with 'ser'), ready (with 'estar')*
manejo (m) *handling*

modista (f) *dressmaker*
ofrecer *to offer*
ordenador (m) *computer*
preciso: es . . . *it is necessary*
reconocimiento (m) *recognition*
retraso (m) *delay*
riqueza (f) *wealth, riches*
semejanza (f) *similarity*
señalar *to show, indicate*
significado (m) *meaning*
trimestre (m) *term (school term)*

Otro buen repaso

Primera parte: vamos a hablar

¿Qué hiciste tú?

Find out all you can about how your partner or teacher spent their holidays last year. Start with these six questions, but write another six of your own before you begin.

1 ¿Fuiste de vacaciones el año pasado?
2 ¿Adónde fuiste?
3 ¿Con quién fuiste?
4 ¿Cómo viajaste?
5 ¿Dónde te alojaste?
6 ¿Cuánto tiempo pasaste en . . .?

¿Qué vas a hacer?

Find out what your partner's plans are for the future. Use these questions and others which you make up yourself.

¿Qué vas a hacer el año que viene?
¿Por qué quieres hacer eso?
¿Es difícil conseguir un puesto?
¿Vas a cobrar mucho haciendo eso?
¿Qué harías si te tocara la lotería o las quinielas?

Actividades

Cada oveja con su pareja

¿Qué te pasa?

Find out what is wrong with your partner and why.

¿Qué te duele?	La cabeza.
¿Te duele mucho?	No mucho.
¿Desde cuándo te duele?	Me caí en la calle.
¿Qué comiste anteayer?	Fútbol.
¿Eran frescas las sardinas?	No; la farmacia.
¿Has tomado algo?	Sí; aspirinas.
Espero que te mejores pronto.	Gracias.

Hablando de fotos

Descubre todo lo que puedas de la foto de tu compañero, utilizando preguntas tales como:

¿Cuántas personas hay en la foto? ¿Son hombres o mujeres? ¿Lleva ropa moderna o antigua? ¿Cómo se llama? ¿Hay animales en la foto? ¿Qué animal exactamente? ¿Cómo se llama el hombre? ¿Por qué ha venido a Madrid? ¿Qué quiere ser? ¿Qué error hay en la letra del cartel?

Ahora te toca a ti

Work out and practise these two role-plays with your partner. Take it in turns to be **A** or **B**.

En el banco

A: Say that you would like to change some travellers' cheques.

B: ¿Son dólares?

A: No; pounds.

B: ¿Cuántas quiere cambiar?

A: Fifty pounds worth.

B: ¿Tiene su pasaporte?

A: Give it to him.

B: ¿Quiere firmar aquí?

A: Ask him how much the pound is worth today.

B: Doscientas veinte pesetas.

A: Complain that it was worth 225 the day before.

B: Sí, pero ha bajado un poco. Aquí tiene su dinero.

A: Thank him and say goodbye.

En Sevilla

A: Ask the name of the building you are looking at.

B: Se llama la Giralda.

A: Ask when it was built.

B: La parte baja en el siglo doce y la parte alta en el siglo dieciséis.

A: Ask how high it is.

B: Tiene noventa y ocho metros de alto.

A: Ask if it is Arabic or Christian.

B: La parte baja es árabe, pero la parte superior es cristiana.

A: Ask if you can go up the tower.

B: Sí, está abierta al público.

A: Ask how much the ticket costs.

B: Creo que vale treinta y cinco pesetas.

A: Thank him and say goodbye.

Hablando de fotos

Descubre todo lo que puedas de la foto de tu compañero, utilizando preguntas tales como: ¿Cuántas personas hay en la foto? ¿Es un chico o una chica? ¿Está sentado o de pie? ¿Cómo se llama? ¿Cuál es su apodo? (nickname) ¿Qué quiere ser? ¿Dónde estuvo antes de venir a este sitio? ¿Dónde está ahora exactamente? ¿Qué error hay en la letra de su cartel?

Cada oveja con su pareja

¿Qué te pasa?

Find out what is wrong with your partner and why.

¿Qué te duele?

¿Te duele mucho?

¿Por qué te duele?

¿Qué estabas haciendo en la calle?

¿Has ido a ver al médico?

¿Te dio algo para la cabeza?

Espero que te encuentres mejor pronto.

El estómago.
Bastante.
Ayer.
Sardinas fritas y un flan.
No lo sé.
Sí; medicina de la farmacia.
Gracias.

Segunda parte: vamos a escuchar

¡Qué restaurante!

Listen carefully and note down in English the problem each customer has.

¿Qué harías tú?

Listen carefully and note down in English what Juan would do if he could.

Tercera parte: vamos a leer

¿Qué significa eso?

Whilst on holiday in Spain with your friends, you have to act as interpreter because no one else speaks Spanish. Write down what you would tell your friends that each of the following signs, etc. means.

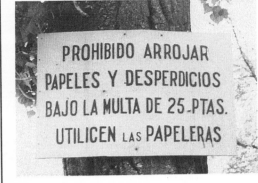

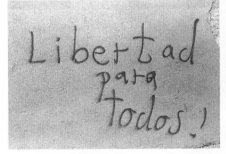

HOY, 24 de Agosto de 1983

Mr. Clarke, profesor y escritor inglés lo afirma

«Enseñamos el castellano que habla el pueblo»

«Hemos cambiado, el método. Antes enseñábamos el castellano como se enseña el latín, a base de conocimientos de gramática, de insistir en la conjugación de los verbos, de la lectura de los escritores clásicos y modernos... y el resultado era que los alumnos no aprendían: venían a España y no se entendían con nadie. Ahora hemos cambiado los métodos y procuramos que nuestros alumnos aprendan al castellano que se habla en la calle, el que utiliza todo el mundo para sus relaciones.

Quien así se expresaba ayer para los lectores de nuestro diario no es si no Mr. Robert Clarke, un profesor de idiomas inglés especializado en preparar a quienes han de enseñar a hablar lenguas (castellano y francés especialmente) a los jóvenes estudiantes o escolares ingleses; enseña también en la universidad y escribe libros.

Mr. Clarke ha venido a España a recoger datos por encargo de una empresa editorial, a fin de renovar el método de enseñanza del castellano denominado «Pegaso», publicado por primera vez hace unos diez años, el cual estiman que ha quedado ya desfasado, pues los conceptos que en él se vierten acerca de nuestra manera de ser y de vivir han cambiado sustancialmente de entonces acá. Mr. Clarke habla un castellano muy actual que sólo delata su extranjerismo a causa de la dificultad en la pronunciación de palabras concretas y a causa de su acento.

El trabajo que ahora llevo hecho lo he realizado en Galicia, en Salamanca, en Zamora y aquí en Plasencia. La mayor parte de las fotografías —pues estos libros están basados en las fotografías— las he tomado en Plasencia; llevo hechas alrededor de mil en blanco y negro y algunas en color, estas últimas aquí, en su ciudad, que tal vez puedan servirme para escoger de entre ellas la que sirva de portada al libro, que aún no

tengo decidido, el título.»

Hasta el presente sólo ha encontrado problemas para tomar sus fotografías en Salamanca, ciudad en la que le echaron de uno de sus mercados cuando intentaba fotografiar un cartel con precios actuales y del día anterior, motivo que le servía para la utilización y conjugación de los tiempos de verbos en presente y en el imperfecto de indicativo.

Las fotos que utiliza el señor Clarke son —según nos manifiesta— fotografías pensadas, específicas para cada caso, concepto, situación o idea; son fotos buscadas que nada tienen que ver con la fotografía turística, muchas de las cuales marcan estereotipos que no son convenientes por no reflejar la realidad general del país cuya lengua se trata de enseñar a los escolares ingleses, que en en este sistema algo más creíble que el dibujo, pues «la foto representa para ellos la realidad, mientras que ven en la ilustración hecha a base de dibujos la ficción».

¿Cómo fue escrito 'Pasaporte al español'?

Lee con cuidado este artículo de la prensa española sobre el libro que acabas de terminar, y luego contesta a las preguntas en inglés.

1 What is another word for 'español'?
2 How were languages taught some time ago?
3 What happened when the pupils got to Spain?
4 What type of Spanish is taught nowadays?
5 What is Mr Clarke's job?
6 How do you know he is not Spanish?
7 Where has he been in Spain?
8 How many photographs has he taken?
9 What happened to him in Salamanca?
10 How do the photographs he has taken differ from tourist photos?

Cuarta parte: vamos a escribir

Lee con cuidado esta carta dirigida a una Oficina de Turismo en España. Luego, escoge una región de España que te guste, y escribe una carta a la Oficina de Turismo pidiendo folletos e informes.

Muy señor mío:

Quisiera pasar unas vacaciones en la región de Andalucía, pero conozco muy poco esa parte de su país. ¿Querría ser tan amable de mandarme algunos folletos sobre la región de Andalucía y una lista de hoteles para la ciudad de Córdoba? A mis hijos les gusta mucho esquiar, y me han dicho que se puede esquiar en Andalucía hasta en verano. Si esto es verdad, ¿quiere mandarme también una lista de los sitios donde se puede esquiar y algún folleto que me dé una idea de los precios? A mi esposa le interesa mucho la cultura árabe, y creo que hay muchos monumentos árabes en la región de Andalucía. ¿Están todos abiertos al público? ¿Me puede decir cuánto cuesta entrar en esos monumentos y cuándo están abiertos?

Aprovecho la ocasión para saludarle muy atentamente,

Henry T. Woodhurst.

Una carta a tu amigo español

Write a letter to your Spanish friend explaining what you hope to do next year. If you intend to leave school, tell him what type of job you are hoping to get, what qualifications are needed and why the job attracts you. If you intend to carry on studying, tell him which subjects you will be studying, why they interest you and what your longterm ambitions are.

Quinta parte: vamos a jugar

Cambia una letra

Change one letter only to form a new word according to the definition given.

El primer plato de la comida es la *sopa.*

Por la mañana me ponga la . . .

Esa máquina no anda porque está . . .

No puedo escribir el ejercicio porque mi lápiz está . . .

Si tuviera mucho dinero, me compraría una . . .

Si haces eso otra vez, te . . .

Un ladrón es un hombre muy . . .

Marta no puede salir porque está . . .

Paco no está en la cocina, está en la . . . de estar.

Esa chica no se llama Marisol; se llama . . .

Lógica: ¿Cuántas monedas tienen?

Yo tengo una moneda, como se ve en el dibujo.
Dos amigos tienen la misma cantidad de monedas que yo.
Alfonso es el que menos tiene.
Carlos tiene una moneda más que Alberto.
Juan tiene una moneda menos que Ricardo.
El total de monedas que tienen Carlos, Alberto, Juan y Ricardo es diez.

¿Cuántas monedas tiene cada uno?

¿Cuál es el total de monedas que tenemos entre nosotros?

Yo 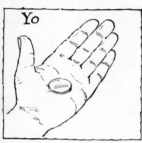	Alfonso 
Juan 	Carlos 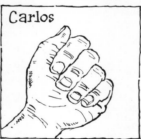
Bernardo 	Alberto 
David 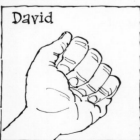	Ricardo 

La oveja negra

En cada grupo de cuatro palabras, escoge la que no pertenece al grupo. ¿Puedes explicar por qué?

1 Apartamento
   Piso
   Banco
   Chalet

2 Compartimiento
   Andén
   Consigna
   Neumático

3 Pastel
   Revista
   Periódico
   Novela

4 Batería
   Aire
   Depósito
   Viento

5 Volante
   Plato
   Parachoques
   Faro

6 Harina
   Camarero
   Cuenta
   Menú

7 Rato
   Gato
   Cochinillo
   Ratón

8 Lechería
   Panadería
   Zapatería
   Carnicería

Eliminograma

Buscas una palabra.
Las palabras siguientes tienen en común con la palabra buscada el número de letras que va marcado después de cada palabra.
Si no consigues encontrar la palabra, consulta las notas de abajo.
Pero.. cuantas menos notas consultes, ¡más inteligente eres!

PAN – 1

REVISTA – 2

MESA – 1

RICO – 4

ROJO – 2

CLASE – 1

BARCO – 3

CAJA – 1

CUARTO – 2

TELEVISION – 3

Notas:

1 Es algo que se lee.

2 Tiene nueve palabras.

3 Cada región o ciudad de España tiene el suyo.

4 Suele ser blanco y negro.
(¿Todavía no lo sabes?)

5 Se compra en el quiosco.

6 Contienen noticias, información, opiniones . . .
(¿Todavía no lo sabes? ¡Pregúntaselo a tu compañero!)

¡Mal escrito!

Las respuestas a las siguientes preguntas están mal divididas. Las letras están bien, pero hay que combinarlas de otra forma.
Ejemplo: Novam osto daví a = No vamos todavía.

1 ¿Dónde nos vemos? DE LANTED ELABI BLIOTE CA.

2 Yo creo que Isabel es una chica muy simpática.
NOES TOYCOM PLETAMEN TEDEAC UER DO.

3 ¿Qué te parecen las matemáticas? SONINTE RESAN TE SPE ROMUYDIFI CI LES.

4 ¿Vas mucho al cine? UNASDO SOTRE SVE CESPORSEMA NA.

5 ¿Qué hiciste durante las vacaciones? FUIAGA LICI ADON DEME BA ÑEMU CHO.

Refranero: hazlo tu mismo

Forma refranes españoles, juntando una frase de la primera columna a una frase de la segunda.

Todo lo que reluce	Dios le ayuda.
Dime con quién andas	amanece más temprano.
Al que madruga	poco aprieta.
No hay mal	y Dios dispone.
No por mucho madrugar	no es oro.
A Dios rogando	hay buen trecho.
Quien mucho abarca	se queda con la mejor parte.
El que parte y bien reparte	y te diré quién eres.
De dicho a hecho	y con el mazo dando.
El hombre propone	que por bien no venga.

Consejos:

Como ayuda, debes:
emplear el diccionario
comparar la forma de cada frase, para ver si se juntan correctamente
emplear mucho sentido común.

La clave del agente KWYZ

El agente Kwyz tiene una clave muy sencilla – y muy eficaz. ¿Sabes descifrar estos mensajes?

1 KZTODOWY YWVAZW ZKBIENYW.

2 YZLOSKW ZKPAPELSWK KYSECRETOSWZ ZYESTANWK YZENKZ WKELZY KWARMARIOYZ.

3 KZELYW WKAGENTEYZ YKESTARAWZ ZYENKW WZELKY WYCAFEKZ YZSOLWK ZKAYW KYLASWZ WZDOCEYK.

4 ZYMIKW KYNUMEROWZ ZWDEYK WZTELEFONOKY ZYESKW KYVEINTIDOSWZ ZWTREINTAYK ZYDICEKW.

Grammar reference

Grammar in use

Book 1

Verb tables

Regular verbs: Hablar *To speak*; comer *To eat*; vivir *To live* as examples.

	1	2	3	4	5	6	7	8	9
	INFINITIVE	PRESENT	PRETERITE	IMPERFECT	PERFECT	FUTURE	IMPERATIVE	IMPERATIVE	PRESENT PART
	Hablar	Hablo	Hablé	Hablaba	He hablado	Hablaré	(Tú; vosotros	(Usted; ustedes)	Hablando
		Hablas	Hablaste	Hablabas	Has hablado	Hablarás	Habla	Hable (usted)	
		Habla	Habló	Hablaba	Ha hablado	Hablará	Hablad	Hablen (ustedes)	
		Hablamos	Hablamos	Hablábamos	Hemos hablado	Hablaremos			
		Habláis	Hablasteis	Hablabais	Habéis hablado	Hablaréis			
		Hablan	Hablaron	Hablaban	Han hablado	Hablarán			
	Comer	Como	Comí	Comía	He comido	Comeré	Come	Coma (usted)	Comiendo
		Comes	Comiste	Comías	Has comido	Comerás	Comed	Coman (ustedes)	
		Come	Comió	Comía	Ha comido	Comerá			
		Comemos	Comimos	Comíamos	Hemos comido	Comeremos			
		Coméis	Comisteis	Comíais	Habéis comido	Comeréis			
		Comen	Comieron	Comían	Han comido	Comerán			
	Vivir	Vivo	Viví	Vivía	He vivido	Viviré	Vive	Viva (usted)	Viviendo
		Vives	Viviste	Vivías	Has vivido	Vivirás	Vivid	Vivan (ustedes)	
		Vive	Vivió	Vivía	Ha vivido	Vivirá			
		Vivimos	Vivimos	Vivíamos	Hemos vivido	Viviremos			
		Vivís	Vivisteis	Vivíais	Habéis vivido	Viviréis			
		Viven	Vivieron	Vivían	Han vivido	Vivirán			

Irregular verbs

Present Tense

Verbs with an Irregular First Person Singular

-AR

Dar	doy *I give*
Estar	estoy *I am*

-ER

Aparecer	aparezco *I appear*
Caer	caigo *I fall*
Coger	cojo *I catch, take, pick up*
Conocer	conozco *I know, am familiar with*
Escoger	escojo *I choose*
Hacer	hago *I do, make*

Obedecer	obedezco *I obey*
Ofrecer	ofrezco *I offer*
Parecer	parezco *I appear, seem*
Poner	pongo *I put*
Proteger	protejo *I protect*
Reconocer	reconozco *I recognise*
Saber	sé *I know (a fact, how to do)*
Tener	tengo *I have*

(also Radical Changing – *see page 137*)

Traer	traigo *I bring*
Ver	veo *I see*

-IR

Conducir	conduzco *I drive*
Construir	construyo *I build*

(also found in 2nd and 3rd Singular and 3rd Plural)

Corregir   corrijo *I correct*
Decir   digo *I say, tell*
(also Radical Changing – *see below*)

Dirigir   dirijo *I direct*
Oír   oigo *I hear*
(2nd and 3rd Singular and 3rd Plural like *construir*)

Producir   produzco *I produce*
Salir   salgo *I leave, go out*
Venir   vengo *I come*

Radical Changing verbs

These have a change in the stem but the endings are the same as regular verbs. The changes are of three types:

E to IE

Empezar *to begin*	
Empiezo	Empezamos
Empiezas	Empezáis
Empieza	Empiezan

O or U to UE

Dormir *to sleep*	
Duermo	Dormimos
Duermes	Dormís
Duerme	Duermen

E to I (-*IR* verbs only)

Pedir *to order, ask for*	
Pido	Pedimos
Pides	Pedís
Pide	Piden

All the Singular forms and the 3rd Person Plural are affected by the change. In the Word List these verbs are shown as follows: Jugar (ue) *to play*.

Two common Irregular Verbs

Ir *to go*

Voy	Vamos
Vas	Vais
Va	Van

Ser *to be* (Permanent characteristics)

Soy	Somos
Eres	Sois
Es	Son

Preterite Tense

Spelling changes in the 1st Person Singular of certain verbs

-AR Verbs

Those which end -*gar* add a *u* to the stem before adding the ending:
Llegué a las nueve.

Those which end -*car* change the c to *qu*:
Buscar: Busqué el coche.

Those which end -*zar* change the z to a c:
Cruzar: Crucé la calle.

Spelling changes in the 3rd Person Singular and Plural of certain verbs

The *i* found between two vowels changes to a *y*:

Caer *to fall*
Cayó al agua.
Cayeron al agua.

Common verbs affected by this change are:
Creer *to believe*
Leer *to read*
Construir *to build*
Destruir *to destroy*
Oír *to hear*

Spelling changes in the 3rd Person Singular and Plural of Radical Changing Verbs

All of these verbs belong to the -*IR* group. Some change *O* for *U* and others *E* for *I*:

Morir *to die*	Pedir *to ask for, order*
Murió	Pidió una coca cola.
Murieron	Pidieron agua mineral.

A group of Irregular Verbs

These verbs have irregular stems, but the endings are common to them all. Notice that there are no accents on any of the parts.

Poner *to put*

Puse	Pusimos
Pusiste	Pusisteis
Puso	Pusieron

Similar verbs are as follows:

Andar *to walk*		anduve
Estar *to be*		estuve
Obtener *to obtain*		obtuve
Tener *to have*		tuve
Haber *to have*		hube

(Only *Hubo = there was* is used regularly)

Hacer *to do, make*		hice

(3rd Person Singular is *hizo*)

Poder *to be able*		pude
Poner *to put*		puse
Saber *to know*		supe
Suponer *to suppose*		supuse
Querer *to wish, want*		quise
Traer *to bring*		traje

(3rd Person Plural is *trajeron*)

Conducir *to drive*		conduje

(3rd Person Plural is *condujeron*)

Decir *to say, tell* dije
(3rd Person Plural is *dijeron*)

Producir *to produce* produje
(3rd Person Plural is *produjeron*)

Venir *to come* vine

Three common Irregular Verbs

These have completely irregular Preterite forms
and must be learned carefully.

Ir *to go*		Ser *to be*	
Fui	Fuimos	Fui	Fuimos
Fuiste	Fuisteis	Fuiste	Fuisteis
Fue	Fueron	Fue	Fueron

These two verbs are identical in the Preterite,
but the sense of the sentence usually tells you
which one is being used.
For example:
Ayer fui al mercado.
Yesterday I went to the market.
¿Qué fue eso? *What was that?*

Dar *to give*	
Di	Dimos
Diste	Disteis
Dio	Dieron

Imperfect Tense

Irregular forms

Only three verbs are Irregular in the Imperfect
Tense and all others follow the models given in
Verb Table column 4.

Ser *to be*		Ir *to go*	
Era	Eramos	Iba	Ibamos
Eras	Erais	Ibas	Ibais
Era	Eran	Iba	Iban

Ver *to see*	
Veía	Veíamos
Veías	Veíais
Veía	Veían

Note the stress mark on *éramos* and *íbamos*
where there is no initial capital letter.

Perfect Tense

Irregular forms

The irregularity is always in the Past Participle.
Irregular Past Participles are:

-ER Verbs	
Hacer	He hecho *I have done*
Poner	He puesto *I have put*
Romper	He roto *I have broken*
Ver	He visto *I have seen*
Volver	He vuelto *I have returned*
Devolver	He devuelto *I have given back*

-IR Verbs	
Abrir	He abierto *I have opened*
Cubrir	He cubierto *I have covered*
Decir	He dicho *I have said*
Descubrir	He descubierto *I have discovered*
Escribir	He escrito *I have written*
Freír	He frito *I have fried*
Morir	Ha muerto *He has died*

Reflexive Verbs

These verbs have a Reflexive Pronoun before the
verb as follows:

Lavarse *to wash (oneself)*	
Me lavo	*I wash (myself)*
Nos lavamos	*We wash (ourselves)*
Te lavas	*You wash (yourself)*
Os laváis	*You wash (yourselves)*
Se lava	*He washes (himself)*
Se lavan	*They wash (themselves)*

In the Word List, these verbs end in *se*. For
example: Levantarse *to get up*. The 3rd Person
Singular and Plural of Reflexive Verbs are used
to express the idea of *is, are made*, etc.
El vino **se hace** con uvas.
*Wine **is made** with grapes.*
Los coches **se fabrican** en Valencia.
*Cars **are made** in Valencia.*

Future Tense

Irregular forms

These have an irregular stem but the endings are
the same as regular verbs as found in Verb Table
column 6. The Irregular verbs are as follows:

Decir	Diré *I shall say*
Hacer	Haré *I shall do, make*
Obtener	Obtendré *I shall obtain*
Poder	Podré *I shall be able*
Poner	Pondré *I shall put*
Querer	Querré *I shall want*
Saber	Sabré *I shall know*

Salir   Saldré *I shall leave, go out*
Suponer   Supondré *I shall suppose*
Tener   Tendré *I shall have*
Venir   Vendré *I shall come*

Conditional Tense

This is formed by adding the Imperfect endings of
-ER verbs to the Infinitive for Regular verbs and
to the Irregular stem for Irregular verbs as found
above.

Comprar *to buy*		Poder *to be able*
Compraría	Compraríamos	Podría
Comprarías	Compraríais	Salir *to leave*
Compraría	Comprarían	Saldría

It is used to express what you would do:
Con diez mil pesetas **compraría** una falda.
*With ten thousand pesetas **I would buy** a skirt.*

Impersonal Verbs

Only two forms are used, the 3rd Singular and
Plural, and the person is expressed by a pronoun.

Gustar *to like (please)*
Me gusta el vino. *I like wine (Wine pleases me).*
¿**Te gusta** el calor? **Do you like** *the heat?*
Le gusta él el coñac. **He likes** *brandy.*
Nos gusta el español. **We like** *Spanish.*
¿**Os gusta** la casa? **Do you like** *the house?*
Les gusta la leche. **They like** *milk.*

If what pleases you is an activity, the Singular
form is also used:
Me gusta cantar. *I like singing.*

If what you like is plural, the Plural form is used.
Me gustan las vacaciones. **I like** *holidays.*

The full range of tenses of these verbs can be
used:
¿**Te gustó** la película? **Did you like** *the film?*
Me gustaría vivir en Italia.
I would like to live in Italy.

The Pronouns le and les refer to *he, she, you* and
they, you (Plural). If the meaning is not clear, a
phrase is added to make it clear:
¿**Le gusta a usted** el vino? **Do you like** *wine?*
¿**Le gusta a ella** el vino? **Does she like** *wine?*
¿**Le gusta a él** el vino? **Does he like** *wine?*
¿**Les gusta a ustedes** el vino? **Do you like** *wine?*

¿**Les gusta a ellas** el vino? **Do they like** *wine?*
(Feminine)
¿**Les gusta a ellos** el vino? **Do they like** *wine?*
(Masculine)

Other verbs of this type are as follows:
Encantar *to love, like very much*
Me encanta tu vestido. **I love** *your dress.*

Faltar *to lack, be missing*
Me falta tiempo. **I am** *short of time.*

Hacer falta *to need*
Me hace falta más dinero. **I need** *more money.*

Importar *to matter, be important*
No nos importan los problemas.
*The problems **do not matter to us.***

Interesar *to interest, be interested in*
¿**Te interesan** los museos?
Are you interested in museums?

Parecer *to seem, appear*
Nos parece que va a llover.
We think that it is going to rain.

Quedar *to have left, remain*
Me quedan doscientas pesetas.
I have got two hundred pesetas left.

Ser and Estar

The two verbs *to be* are used as follows:

Ser
a) when followed by a noun or pronoun:
   Mi padre **es** taxista. *My father **is** a taxi-driver.*
   Soy yo. *It's me.*

b) with adjectives when these describe
   characteristics which are more or less
   permanent:
   Mi hermano **es** muy tonto. *My brother **is** very
   stupid.*
   Marta **es** muy alta. *Marta **is** very tall.*

Estar
a) to indicate position:
   Bilbao **está en** el norte. *Bilbao **is** in the north.*
   Estoy en la cocina. *I'm in the kitchen.*

b) to indicate temporary conditions:
   ¿Cómo **está** usted? How **are** you?
   Estoy enfermo. *I'm ill.*

c) to describe a state or condition which is the result of an action:

Abrí la ventana. *I opened the window.*
La ventana **está** abierta. *The window is open.*
Murió. *He died.*
Está muerto. *He is dead.*

Certain adjectives have different meanings according to whether ser or estar is used. These are as follows:

	With *ser*	With *estar*
aburrido	boring	bored
bueno	good (by nature)	well, in good health
cansado	tiresome	tired
divertido	amusing	amused
enfermo	sick (permanently)	sick, ill, (temporarily)
listo	clever	ready
loco	silly, crazy (by nature)	crazy, frantic (temporarily)
malo	bad (by nature)	sick, in poor health
verde	green (in colour)	green (unripe of fruit, etc.)

Nouns

Articles, gender and plurals

Nouns are either Masculine or Feminine. Generally speaking, nouns which end in *o* are Masculine (common exceptions: la mano *hand*, la radio *radio*) and those which end in *a* are Feminine.

The Definite Article in English is *the* and in Spanish there are four forms:

El vino (Masculine Singular)
Los chicos (Masculine Plural)
La cerveza (Feminine Singular)
Las chicas (Feminine Plural)

The Indefinite Article in English is *a, an* and in Spanish there are four forms:
Un perro (Masculine Singular)
Unos hombres (Masculine Plural)
Una vaca (Feminine Singular)
Unas mujeres (Feminine Plural)

The Plural forms, *unos* and *unas* are little used. They mean *some*.

Vi a **unos** españoles en el andén.
*I saw **some** Spaniards on the platform.*

Unos españoles hablan inglés.
***Some** Spaniards speak English.*

Otherwise the Plural form is missed out.
Tengo amigos en esta ciudad.
I have friends in this town.
The Plural of nouns is formed by adding *-s* to nouns which end in a vowel, and *-es* to those which end in a consonant.
El libro es gris.   Los libros son grises.
El reloj es de oro.   Los relojes son de oro.

Adjectives

Adjectives have different endings depending on the noun they describe.

Those which end in *-o* have four forms:
El libro es rojo.   Los libros son rojos.
La falda es roja.   Las faldas son rojas.

Those which end in anything else have two forms, a Singular and a Plural.
El libro es grande.   Los libros son grandes.
La casa es grande.   Las casas son grandes.

Adjectives of nationality
Those which end in *-o* behave like *rojo* given above, and those which end in a consonant have four forms:
El chico es inglés.   La chica es inglesa.
Los chicos son ingleses. Las chicas son inglesas.

To change slightly the meaning of adjectives you use the following terms:
Es **tonto.** *He is **stupid.***
Es **bastante** tonto. *He is **rather** stupid.*
Es **muy** tonto. *He is **very** stupid.*
Es **demasiado** tonto. *He is **too** stupid.*
Es **algo** tonto. *He is **a bit** stupid.*
Es **tontísimo.** *He is **very, very** stupid.*

Certain adjectives have shortened forms in certain positions:

Before a Masculine Singular noun
Uno *A*   Es **un** chico muy simpático.
Bueno *Good*   Es un **buen** chico.
Malo *Bad*   Hace **mal** tiempo.
Primero *First* Es el **primer** día.
Tercero *Third* Está en el **tercer** piso.

Ninguno *No, none* No tengo **ningún** amigo.
Alguno *Some* Tengo **algún** dinero español.

Note: The adjective *grande* shortens to *gran* before a Masculine or Feminine Singular when it means *great* and not necessarily *big*.
Es un **gran** señor. *He is **great** gentleman.*
Sevilla es una **gran** ciudad. *Sevilla is a **great** city.*

Position of Adjectives
Adjectives are usually placed after the noun.
Quiero el libro **verde**. *I want the **green** book.*

Comparison

To compare one thing with another, you usually use *más . . . que*:
Un caballo es **más** grande **que** un gato.
*A horse is **bigger than** a cat.*

You can use *menos . . . que* if you want to say that something or someone is *less . . . than*:
Soy **menos** rico **que** tú.
*I am **less** rich **than** you.*

If two things are seen as being equal, you use *tan . . . como*:
Soy **tan** listo **como** tú.   *I am **as** clever **as** you.*

Comparisons which are irregular
La coca cola es **mejor** que la cerveza.
*Coca cola is **better** than beer.*

Este vino es **peor** que ése.
*This wine is **worse** than that.*

To say the *biggest* or the *most boring*, the word *más* is used again, but is preceded by the Definite Article, *el, la, los, las*:
Esta chica es **la más guapa** de la clase.
*This one is **the prettiest** in the class.*
Es **la** revista **más interesante** del mundo.
*It's **the most interesting** magazine in the world.*

Best and *worst* are expressed using *mejor* and *peor*:
Es **el peor** alumno de la clase. *He's **the worst** pupil in the class.*
Las mejores uvas se exportan. ***The best** grapes are exported.*

Demonstrative Adjectives
This and that, these and those
Este libro es muy interesante.
***This** book is very interesting.*

Esta revista es muy aburrida.
***This** magazine is very boring.*
Estos chicos son simpáticos.
***These** boys are nice.*
Estas chicas son listas.
***These** girls are clever.*

Ese chico se llama Paco.
***That** boy is called Paco.*
Esa chica es mi amiga Carolina.
***That** girl is my friend Caroline.*
Esos hombres son guardias.
***Those** men are policemen.*
Esas faldas son bonitas.
***Those** skirts are pretty.*

That over there
(Some way away in space or time from the speakers)
Aquel edificio es el Museo del Ejército.
***That** building **over there** is the Army Museum.*
Aquella chica se llama María.
***That** girl **over there** is called Mary.*
Aquellos años eran terribles.
***Those** years were terrible.*
Aquellas montañas son los Pirineos.
***Those** mountains are the Pyrenees.*

Possession

(saying that a thing belongs to you, him, her, etc.)

My	Your (To a friend)	His, her, your (older person or stranger), their
Mi amigo	Tu amigo	Su amigo Juan
Mi amiga	Tu amiga	Su amiga Ana
Mis padres	Tus padres	Sus padres
Mis tías	Tus tías	Sus tías

These adjectives have two forms, a Singular and a Plural. *Su* has a number of meanings depending on the sentence it is used in, but it is usually clear what the meaning is.

Este es mi amigo Paco. **Su** padre es médico.
*This is my friend Paco. **His** father is a doctor.*
Buenos días, señora Parra. ¿Cómo está **su** marido?
*Good morning, Mrs Parra. How is **your** husband?*

Our	Your (To friends)
Nuestro profesor	Vuestro profesor
Nuestra amiga	Vuestra amiga
Nuestros padres	Vuestros padres
Nuestras tías	Vuestras tías

Pronouns

These usually replace nouns in sentences cases.

Subject Pronouns

Yo *I* Tú *you*
(to a friend, family member, child, animal)

El él *he* Ella *she* Usted *you*
(to a stranger, person in authority, older person)

Nosotros/as *we* Vosotros/as *you*
(to friends, family members, children, animals)

Ellos *they* (males) Ellas *they* (females)
Ustedes *you*
(to strangers, people in authority, older people)

Only *usted* and *ustedes* are regularly used, and
the others are for emphasis or clarity:
Yo hablo inglés, pero **tú** hablas español.
I speak English, but you speak Spanish.

Direct Object Pronouns

These replace nouns which are the Direct Object
of the verb.
Cojo la manzana y **la** como.
I pick up the apple and I eat it.

The pronouns are as follows:
Me	**Me** escucha. *He listens to me.*
Te	**Te** veo. *I see you.*
Lo	**Lo** quiero. *I want it.* (Masculine Singular)
La	**La** quiero. *I want it.* (Feminine Singular)
La	**La** veo. *I see her.*
Le	**Le** veo. *I see him.*
La	**La** miro. *I look at you.*
	(You *usted* and Feminine)
Le	**Le** veo. *I see you.*
	(You *usted* and Masculine)
Nos	**Nos** ven. *They see us.*
Os	**Os** veo. *I see you.*
Los	**Los** compro. *I buy them.*
	(Masculine Plural)
Las	**Las** como. *I eat them.* (Feminine Plural)
Las	**Las** veo. *I see them.*
	(Feminine Plural – people)
Les	**Les** conozco. *I know them.*
	(Masculine Plural – people)
Las	**Las** conozco. *I know you.*
	(Feminine Plural)
Les	**Les** veo. *I see you.* (Masculine Plural)

These pronouns are placed before the verb
usually, but come at the end of the Imperative
when orders are being given.
¡Come la sopa! ¡Cóme**la**! *¡Eat the soup! Eat it!*
¡Toma este plato! ¡Tóma**lo**! *¡Eat this dish! Eat it!*
[Note the accent.]

They can be placed after the Infinitive:
¿El trabajo? Voy a hacer**lo** ahora.
The work? I'm going to do it now.

and after the Present Participle:
¿El trabajo? Estoy haciéndo**lo**.
The work? I'm doing it.

Indirect Object Pronouns

These usually replace people that are the
Indirect Object of the verb.
Coge la manzana y **me** la da.
He picks up the apple and gives it to me.

The pronouns are as follows:
Me	**Me** da dinero. *He gives money to me.*
Te	**Te** doy dinero. *I give money to you.*
Le	**Le** digo la verdad.
	I tell the truth to him, her, you.
	(See below)
Nos	**Nos** explica la idea.
	He explains the idea to us.
Os	**Os** doy el regalo. *I give the present to you.*
Les	**Les** damos dinero.
	We give money to them, to you. (See below)

Le can mean *to him, to her, to you*, but the
meaning is usually clear.
Veo a Juan y **le** doy el regalo.
I see John and give him the present.

Les can mean *to them* and *to you*, but the meaning
is usually clear.
Veo a Juan y a Marta y **les** explico el plan.
*I see John and Martha and explain the plan to
them.*

Position of Pronouns

They usually precede the verb in the following
order:
Indirect-Direct-Verb.

Me lo da. *He gives it to me.*

If two 3rd Person pronouns are used, the pronoun

le or *les* changes to *se*.
Veo a Paco, cojo el libro y **se** lo doy.
I see Paco, pick up the book and give it to him.

Strong Pronouns
(Disjunctive Pronouns)

These are used independently of verbs and
usually after prepositions. They are as follows:

Mí	Es para **mí**.	*It's for me.*
Ti	Voy sin **ti**.	*I'm going without you.*
Él	Es para **él**.	*It's for him.*
Ella	Salgo con **ella**.	
	I'm going out with her.	
Usted	Es para **usted**.	*It's for you.*
Nosostros	Venga con **nosotros**.	*Come with us.*
Vosotros	Vamos sin **vosotros**.	
	We are going without you.	
Ellos	Son para **ellos**.	*They are for them.*
Ellas	Lo hago por **ellas**.	
	I'm doing it on their behalf. (for them)	
Ustedes	Es para **ustedes**.	*It's for you.*

Two pronouns join with *con* to form new words.
These are *mí* and *ti*.
Ven **conmigo**. *Come with me.*
Voy **contigo**. *I'm going with you.*

Demonstrative Pronouns

This one, that one, these and those

These are the same as the Demonstrative
Adjectives (*see page 141*), except that they carry
an accent where the stress normally falls.
¿Cuál quieres, **éste**, **ése** o **aquél**?
*Which one do you want, **this one**, **that one** or **that
one over there**?*

Possessive Pronouns

Mine, yours, his, hers
These are as follows:

Mi	El mío	La mía	Los míos	Las mías
Tu	El tuyo	La tuya	Los tuyos	Las tuyas
Su	El suyo	La suya	Los suyos	Las suyas
Nuestro	El nuestro	La nuestra	Los nuestros	Las nuestras
Vuestro	El vuestro	La vuestra	Los vuestros	Las vuestras
Su	El suyo	La suya	Los suyos	Las suyas

When used with the verb *ser* only the second part
of the pronoun is used:
¿De quién es esta maleta? Es **mía**. *Whose is this suitcase? It's **mine**.*

Mía is used because *maleta* is Singular and
Feminine. That is, the pronoun agrees with the
thing owned and not with the owner.
In all other cases, the full pronoun is found:
¿En qué trabaja tu padre? **El mío** trabaja en una
oficina.
*What does your father do? **Mine** works in an office.*

Adverbs

Most adverbs are formed by adding –*mente* to the
Feminine Singular of the adjective.
Rápido = Rápida = Rápidamente.
Trabaja **rápidamente**. *He works **quickly**.*

If several adverbs are used, -*mente* is only found
on the last one.
Trabaja rápida, cuidadosa y **metódicamente**.
*He works **quickly**, **carefully** and **methodically**.*

Long adverbs are sometimes replaced by shorter
forms:

Generalmente	Por lo general
Completamente	Por completo
Cuidadosamente	Con cuidado
Frecuentemente	Con frecuencia
Indudablemente	Sin duda
Finalmente	Por fin

A number of adverbs are irregular:

Bien	*Well*	Temprano	*Late*
Mal	*Badly*	Mucho	*A lot*
Deprisa	*Quickly*	Poco	*Little*
Despacio	*Slowly*	Más	*More*
Tarde	*Early*	Menos	*Less*

Negatives

The basic way to make a verb negative is to place *no* before it.
Hablo español. No hablo español.

Other negatives are as follows. Notice that you can either put *no* before the verb and the negative word after it, or the negative word before the verb.

Never Nunca, jamás
No voy nunca al cine. Nunca voy al cine.
Nobody Nadie
No lo sabe nadie. Nadie lo sabe.
Nothing Nada
No tengo nada. Nada tengo.
Neither . . . nor Ni . . . ni
No tengo ni trabajo ni dinero.
No, none Ninguno (a, os, as)
No tengo ningún dinero.
Neither, not either Tampoco
No lo comprendo tampoco. Tampoco lo comprendo.

Commands

Commands are given using the Imperative of the verb as found in columns 7 and 8 of the Verb Tables.
With friends, you use the *Tú* or *Vosotros* form, and place any pronouns on the end of the verb:
Dámelo. *Give it to me.*

The negative of this form is as follows:
No me lo **des.** *Do not give it to me.*

The pronouns are now before the verb and the verb itself is changed as follows:
-AR   Da.   No des.   No deis.
-ER and *-IR*   Come. No comas. No comáis.

With *Usted* and *Ustedes* pronouns also go on the end of the verb:
Dígamelo. *Tell it to me.*

The pronouns are placed before the verb in a negative command, but the verb does not change.
No me lo **diga.** *Do not tell it* to me.

Ordinal numbers

Only First to Tenth are used in Spanish and are as follows:

Primero *First*	Sexto *Sixth*
Segundo *Second*	Séptimo *Seventh*
Tercero *Third*	Octavo *Eighth*
Cuarto *Fourth*	Noveno *Ninth*
Quinto *Fifth*	Décimo *Tenth*

(Remember that *primero* and *tercero* shorten to *primer* and *tercer* before Masculine Singular nouns.)

Ordinal numbers are used:
a) in a series:
    La **segunda** calle a la derecha. *The **2nd** street on the right.*
    Está en el **sexto** piso. *It's on the **6th** floor.*

b) Titles:
    Isabel **Segunda.** *Elizabeth **Second**.*

c) For the 1st of the month:
    El primero de mayo. *1 May.*
    But only for the first:
    El diez de abril. *10 April.*

Prepositions

The personal *A*

When the Direct Object of a verb is a person, the Personal *a* is placed before the Direct Object:
Veo el coche. *I can see the car*. (Not a person)
Veo **a** Juan. *I can see John*. (A person)

BOOK 2

Verbs

Present Continuous Tense

This tense tells you what is going on now.

¿Qué estás haciendo? Estoy leyendo un libro.
What are you doing? I'm reading a book.

Remember that *i* between two vowels changes to *y*.

Imperfect Continuous Tense

This tense tells you what was going on when something else happened to interrupt that action.

Estaba leyendo un libro cuando sonó el teléfono.
I was reading a book when the phone rang.

Pluperfect Tense

This tense is formed with the Imperfect Tense of the verb *haber* and the Past Participle. Irregular forms are the same as for the Perfect Tense. The Pluperfect is used to say what had happened.

Cuando llegué a la estación, el tren ya había salido.
When I arrived at the station, the train had already left.

Saying what has just, or had just happened

Use the regular verb *acabar de* in the Present Tense or the Imperfect Tense.

Los niños acaban de llegar a casa.
The children have just arrived home.

Los niños acababan de llegar a casa.
The children had just arrived home.

Prepositions followed by the Infinitive of the verb

a) **Before . . . ing**

Antes de acostarme, me limpié los dientes.
Before going to bed, I cleaned my teeth.

b) **After . . . ing**

Después de hacer los deberes, vi la televisión.
After doing my homework, I watched television.

c) **On/upon . . . ing**

Al ver el accidente, fui a llamar a los bomberos.
On seeing the accident, I went to phone the fire brigade.

d) **Without . . . ing**

Salí del restaurante sin pagar la cuenta.
I left the restaurant without paying the bill.

e) **In order to . . .**

Para ser rico hay que trabajar mucho.
In order to be rich, you have to work hard.

f) **It is necessary/one should/you ought to
. . .**

Hay que conocer Sevilla.
You ought to get to know Seville.

Talking about the weather in the Present and the Past

The verb used most frequently is *hacer* in the 3rd Person Singular of the Present or the Imperfect Tense.

Hace sol. *It is sunny.*

Hace mucho calor. *It is very hot.*

Hace frío. *It is cold.*

Hacía buen tiempo. *The weather was fine.*

Hacía mucho viento. *It was windy.*

Hacía mal tiempo. *The weather was bad.*

Llover – to rain

No quiero salir porque está lloviendo.
I don't want to go out because it is raining.

En Galicia llueve mucho.
It rains a lot in Galicia.

No salí porque estaba lloviendo.
I didn't go out because it was raining.

Nevar – to snow

Hace frío y está nevando.
It is cold and it is snowing.
No nieva mucho en España.
It doesn't snow very much in Spain.
Hacía frío y estaba nevando.
It was cold and it was snowing.

Hay niebla; había niebla

El avión no puede salir porque hay niebla.
The plane cannot leave because it is foggy.
Cuando llegué a la sierra había niebla.
When I arrived at the mountains it was foggy.

Está nublado; estaba nublado

Está nublado y va a llover.
It is cloudy and it is going to rain.
No vi los Pirineos porque estaba nublado.
I did not see the Pyrenees because it was cloudy.

Saying what is hurting you – the Impersonal verb *doler*

If what hurts you is Singular, use the 3rd Person Singular.
Me duele la cabeza.   *I've got a headache.*

If what hurts is Plural, use the 3rd Person Plural.
Me duelen los ojos.   *My eyes are hurting me.*

The Imperfect Tense expresses what was hurting you.
No fui al partido porque me dolía el estómago.
I didn't go to the football match because I had a stomach ache.

You can also use the verb *tener* in the following way:
Tengo dolor de cabeza.   *I've got a headache.*

The Present Subjunctive – saying what may happen

This tense is formed in the same way as the Imperative.

Hablar = Hablø = Habl + e

= Hable	Hablemos
Hables	Habléis
Hable	Hablen

Comer = Comø = Com + a

= Coma	Comamos
Comas	Comáis
Coma	Coman

-*IR* verbs behave in the same way as *comer*.

If the verb is irregular, the whole of the Present Subjunctive is irregular.

Salir = Salgø = Salg + a   Salga
                            Salgas
                            Etc.

Radical Changing verbs do not have the change in the 1st and 2nd Persons Plural.

Volver = Vuelvø = Vuelv + a

= Vuelva	Volvamos
Vuelvas	Volváis
Vuelva	Vuelvan

The only common verb which does not follow any of the above patterns is *ir*.

Ir = Voy BUT

Vaya	Vayamos
Vayas	Vayais
Vaya	Vayan

The Present Subjunctive is used to express what you wish to happen but what may not happen. Therefore there has to be change of subject between the main clause and the secondary clause in the sentence.

Quiero ir a Madrid
I want to go to Madrid.
(I want to go and I shall go.)

Quiero que usted vaya a Madrid.
*I want **you** to go to Madrid.*
*(I want you to go – **but you may not**.)*

Quiero volver antes de las diez.
I want to return before ten o'clock.
(I want to return and I shall return.)

Quiero que los niños vuelvan antes de las diez.
I want the children to return before ten o'clock.
*(I want the children to return but **they may not**.)*

Therefore verbs of wishing, wanting, ordering, requesting, etc. all can produce the Present Subjunctive in the secondary clause.

Dígale que venga mañana.
Tell him to come tomorrow.
(*Tell him to come but **he may not**.*)

Also sentences which involve future time may contain the Present Subjunctive.

Se lo daré cuando llegue.
I'll give it to him when he arrives.
(*But he may **never** arrive.*)

Esperaré hasta que vuelva.
I'll wait until he returns.
(*But he may **never** return.*)

The Imperfect Subjunctive – saying what might happen

This is probably the easiest tense to form – and among the trickiest to use! All verbs follow the same pattern which is based on the 3rd Person Plural of the Preterite Tense. The ending – *ron* is removed and the following endings are added. (Notice that there are two possible sets of endings.)

Hablar – to speak

Hablase	Hablásemos	Hablara	Habláramos
Hablases	Hablaseis	Hablaras	Hablarais
Hablase	Hablasen	Hablara	Hablaran

The Imperfect Subjunctive is used in the past to express what you wanted to happen but what might not happen.

Quería hablar español.
I wanted to speak Spanish.
(*I wanted to speak and **I would speak**.*)

El profesor quería que los chicos hiciesen los deberes.
The teacher wanted the children to do their homework.
(*The teacher wanted the children to do their homework but they **might not**. And you know how true that is!*)

Adjectives

Making adjectives into nouns

Adjectives can be made into a sort of noun to express 'the . . . part/bit/aspect' simply by placing *lo* before the masculine singular of the adjective.

Lo difícil es la gramática.
The difficult bit is the grammar.

By adding *más* you can express *the most . . . part/bit/aspect*.

Lo más importante es conseguir un puesto.
The most important thing is to get a job.

The relative pronouns – who, whom, which, whose

The word most commonly used to express these pronouns is *que*, and it is used to express *who*, *which*, or *whom*, whether the noun referred to is the *subject* or the *object* of the verb.

El hombre que habla es mi padre. ('Hombre' is the subject of 'habla'.)
El hombre que quiero es mi marido. ('Hombre' is the object of 'quiero'.)

Quien, quienes are used after a preposition when a person, or persons, is referred to.

El chico con quien hablo es mi hermano.
The boy I'm talking to is my brother.
(*The boy with whom I'm talking is my brother.*)
La chica de quien habla acaba de salir.
The girl you are talking about has just left.
(*The girl about whom you are talking has just left.*)

El cual, or one of its forms (*El cual, la cual, los cuales, las cuales*), is used after many prepositions when persons or things are referred to.
Hay una torre muy alta desde la cual se ve toda la ciudad.
There is a very high tower from which the whole city can be seen.

Las calles por las cuales andábamos estaban llenas de turistas.
The streets through which we were walking were full of tourists.

Cuyo, or one of its forms, is used to express *whose* or *of which*. It is an adjective and agrees with the noun.

Vi una casa vieja cuyas ventanas estaban rotas.
I saw an old house the windows of which were broken.

Vocabulary

abajo *down, downwards*
abierto *open*
abrazo (m) *embrace*
abrigo (m) *overcoat*
abrocharse *to do up (clothing, etc.)*
absoluto: en . . . *not at all*
acá *there*
acabar de *to have just*
acción (f) *action*
aceptar *to accept*
acercarse *to approach*
acero (m) *steel*
acordarse (ue) *to remember*
actual *present, now*
acuerdo: de . . . *agree, in agreement*
además *moreover, besides*
afición (f) *hobby, liking*
aficionado a *fond of, keen on*
afortunadamente *fortunately*
afueras (f.pl.) *outskirts, suburbs*
ahorrar *to save*
ajo (m) *garlic*
alcalde (m) *mayor*
alcázar *castle, fortress*
alemán *German*
Alemania (f) *Germany*
algodón (m) *cotton*
alguien *someone*
alojarse *to stay, lodge*
altura (f) *height*
ama de casa (f) *housewife*
ambiente (m) *atmosphere*
amistad (f) *friendship*
ancho *wide, broad*
anoche *last night*
ante (m) *suede*
anuncio (m) *advertisement*
añadir *to add*
apagar *to put out, extinguish*
aparador (m) *sideboard*
aparato (m) *set, apparatus*
aparcar *to park*
aparecer *to appear*
apellido (m) *surname*
apetecer *to fancy, long for*
apodo (m) *nickname*
aprovechar *to enjoy, profit from*
árbol (m) *tree*
armario (m) *cupboard*
arreglar *to repair, mend*
arriba *up, upwards, upstairs*
arroz (m) *rice*
asado *roast*
ascensor (m) *lift*
asiento (m) *seat*
asistir *to attend, be present at*
aspiradora (f) *vacuum cleaner*
atreverse *to dare*
atropellar *to run over, crush*
aunque *although*
ave (f) *bird, fowl*
azafata (f) *air hostess*

bahía (f) *bay*
baloncesto (m) *basketball*
baño (m) *bath*
barato *cheap*
barco (m) *boat*
barra (f) *loaf of bread*
bastar *to have enough*
batido (m) *milkshake*
batir *to beat, whisk*
belleza (f) *beauty*
besar *to kiss*
biblioteca (f) *library*
bledo *'hoot, damn'*
boca (f) *mouth*
bolso (m) *handbag*
borracho *drunk*
bota (f) *boot*
bravo *fierce, wild*
broche (m) *brooch*
bufanda (f) *scarf*
buscar *to look for*
butaca (f) *armchair, stall (in cinema, etc.)*

caballero (m) *gentleman*
caber *to fit in*
cadena (f) *chain*
caer (se) *to fall*
caída (f) *fall*
caja (f) *box, cashdesk*
calamar (m) *squid*
calcetín (m) *sock*
calidad (f) *quality*
caliente *hot, warm*
caluroso *hot (climate)*
calvo *bald*
caminar *to travel*
cántaros: llover a . . . *to pour with rain*
cantidad (f) *quantity*
cara (f) *face*
caramelo (m) *sweet*
carrera (f) *career, race*
carretera (f) *road*
cartel (m) *poster, notice*
cartelera (f) *entertainment guide*
casado *married*
casarse *to get married*
cebolla (f) *onion*
cerrado *shut, closed*
cerrar (ie) *to shut, close*
cierto: por . . . *certainly*
cinturón (m) *belt*
claramente *clearly*
cobrar *to earn, get paid*
cocer (ue) *to cook*
collar (m) *necklace*
comedia (f) *play (theatre)*
comenzar (ie) *to begin*
comienzo (m) *beginning*
confianza (f) *trust, faith*
confitería (f) *cake-shop*
conseguir (i) *to get, obtain*
consejo (m) *advice*
consigna (f) *Left Luggage Office*
contar (ue) *to tell, relate*
contener (ie) *to contain*
copa (f) *glass (for drink)*

corbata (f) *tie (clothing)*
cordero (m) *lamb*
cordillera (f) *mountain range*
corregir (i) *to correct*
corriente (f) *current (electric, in water, etc.)*
cortés *courteous*
costar (ue) *to cost*
cruce (m) *crossing, crossroads*
crudo *raw*
cuadro (m) *picture*
cualquier *whatever*
cubierto *covered*
cuello (m) *neck*
cuenta (f) *bill*
cuenta: darse . . . de *to realise*
cuento (m) *tale, story*
cuero (m) *leather*
cueva (f) *cave*
cuidar *to care for*
cumpleaños (m) *birthday*
cura (m) *priest*
curso (m) *course*
cuyo *whose*
chino *Chinese*
chuleta (f) *chop (meat)*
churros (m.pl.) *batter fritters*

daño: hacerse . . . *to hurt (oneself)*
dejar *to leave, let, allow*
dejar de *to stop (doing)*
depender *to depend*
desaparecer *to disappear*
desayunar *to have breakfast*
descansar *to rest*
descubrir *to discover*
descuento (m) *discount*
desnudo *bare, naked*
despacho (m) *office, study*
destino (m) *destination*
destruir *to destroy*
dificultad (f) *difficulty*
dirigir *to direct*
disfrutar *to enjoy*
disponer *to dispose*
distinto *different*
ducha (f) *shower*
duda (f) *doubt*
dulce *sweet*

edad (f) *age*
efecto: en . . . *in fact*
empaste (m) *filling (dentist)*
encantador *charming*
encontrar (se) *to find, meet*
enfermera (f) *nurse*
enfrente (de) *opposite*
enseñar *to teach, show*
entero *whole, entire*
entregar *to give, hand over*
equipaje (m) *luggage*
equivocado *mistaken*
equivocarse *to make a mistake*
escaparate (m) *shop window*
escocés *Scottish*
escoger *to choose*
esconder *to hide*

espacio (m) *space*
esparadrapo (m) *sticking plaster*
esposa (f) *wife*
esquina (f) *street corner*
estadio (m) *stadium*
estado (m) *state, condition*
estanco (m) *state tobacconist's*
estrecho *narrow, tight*
estrella (f) *star, filmstar*
estreno (m) *film premiere*
extranjero (m) *foreigner*
extraño *strange*

facilidad (f) *ease, facility*
facultad (f) *faculty*
falta (f) *mistake, error*
fecha (f) *date*
feliz *happy*
fino *fine, excellent*
folleto (m) *pamphlet, brochure*
fondo (m) *end, back, bottom*
'footing' (m) *jogging*
forastero (m) *stranger*
fregar (ie) *to wash up*
freír (i) *to fry*
frente a *opposite*
frito *fried*
fuego (m) *fire*
funcionar *to go, work (machines)*
fundar *to found*

ganarse la vida *to earn one's living*
gastar *to wear (clothes), spend, waste (money)*
gasto (m) *expense, cost*
gobierno (m) *government*
grado (m) *degree (temperature)*
grave *serious, grave*
gripe (f) *flu*
guardar *to keep, preserve*
guía (m/f) *guide, guidebook*
guisante (m) *pea*

harina (f) *flour*
hecho *done, cooked*
hecho (m) *fact*
helado (m) *ice-cream*
hielo (m) *ice*
hierro (m) *iron*
hogar (m) *home, hearth*
hoja (f) *sheet, piece*
horario (m) *timetable*
humo (m) *smoke*

idioma (m) *language*
igual *same, equal*
importar *to matter, import*
impresionante *impressive*
impuesto (m) *fine, tax, charge*
inflado *swollen, inflated*
ingeniero (m) *engineer*
invierno (m) *winter*

joyería (f) *jeweller's*
jugador (m) *player*
jugo (m) *juice*
junto *together*

ladrón (m) *thief*
largo: de ... *in length*
lástima (f) *pity, shame*
lata (f) *tin*
lectura (f) *reading*
legumbre (f) *vegetable*
lengua (f) *language, tongue*
letra (f) *letter (alphabet), handwriting*
letrero (m) *sign, notice*
ley (f) *law*
libertad (f) *freedom*
libra (f) *pound (money, weight)*
líder (m) *leader*
limpieza (f) *cleanliness*
línea (f) *line*
longitud (f) *length*
lugar: tener ... *to take place*
lujo (m) *luxury*

llenar *to fill*
lleno *full*
llevar *to carry, wear, take*
llover (ue) *to rain*

madera (f) *wood*
madrugar *to get up early*
maestra (f) *schoolteacher*
manera (f) *way, manner*
manga (f) *sleeve*
manta (f) *blanket*
mantener (ie) *to maintain*
marca (f) *brand, make*
marcha (f) *march, running (machine)*
marinero (m) *sailor*
marisco (m) *shellfish*
matrícula (f) *registration number (car)*
máximo: al ... *to the maximum*
mazo (m) *club, flail*
medida (f) *measure, size*
mediodía (m) *midday*
mejillón (m) *mussel*
mejorar *to improve, get better*
melocotón (m) *peach*
menudo: a ... *often*
merecer *to deserve, merit*
merienda (f) *snack, picnic*
merluza (f) *hake*
mermelada (f) *jam, marmalade*
meterse *to put oneself, get involved*
miembro (m) *member*
misa (f) *Mass*
mitad (f) *half*
modo (m) *way, fashion*
molestar *to bother, worry*
moneda (f) *coin*
monedero (m) *purse*
monja (f) *nun*
montar *to mount, go up*
moreno *dark-haired, skinned*
mostrar (ue) *to show*
mover (ue) *to move*
muela (f) *tooth, molar*
muerto *dead*
mundo (m) *world*
muralla (f) *wall, city wall*

naranjada (f) *orangeade*
nata (f) *cream*

natación (f) *swimming*
navegar *to sail, navigate*
Navidad (f) *Christmas*
necesitar *to need*
nevar (ie) *to snow*
nevera (f) *refrigerator*
ni ... ni ... *neither ... nor ...*
nieto (m) *grandson*
ninguno *none, no*
nivel (m) *level*
nordeste *northeast*
noroeste *northwest*
Noruega (f) *Norway*
novio (m) *fiancé, boyfriend*
nuevo: de ... *again*

obedecer *to obey*
obrero (m) *workman*
oeste *west*
oficio (m) *job, employment*
ofrecer *to offer*
olvidar *to forget*
oreja (f) *ear*
oro (m) *gold*
oveja (f) *sheep*

pagar *to pay*
pájaro (m) *bird*
palabra (f) *word*
parada (f) *bus-stop*
paraguas (m) *umbrella*
parar (se) *to stop*
parecerse a *to look like, resemble*
pareja (f) *pair*
parte: de ... de *from, on behalf of*
partida (f) *departure*
pasado *last*
pasar *to spend, pass, happen*
paseo: dar un ... *to go for a walk*
paso (m) *way through, pass*
pastel (m) *cake*
pastelería (f) *cake-shop*
pedir (i) *to ask for, order*
pelar *to peel*
peligroso *dangerous*
pelo (m) *hair*
peluquera (f) *hairdresser*
pendiente (m) *earring*
pensión (f) *boarding-house*
peor *worse*
permiso (m) *permission*
permiso de conducir *driving licence*
permitir *to allow, permit*
pesca (f) *fishing*
pico: y ... *and a bit*
piel (f) *skin, leather*
pieza (f) *piece*
piña (f) *pineapple*
placer (m) *pleasure*
plata (f) *silver*
plato (m) *dish, plate*
población (f) *population*
pobre *poor*
pollo (m) *chicken*
postre (m) *dessert*
practicar *to practise, play (sport)*
precio (m) *price*

149

precioso *precious, valuable*
preguntarse *to wonder*
premio (m) *prize*
prenda (f) *garment*
prensa (f) *press, newspapers*
preocuparse *to worry*
presentar *to introduce*
primo (m) *cousin*
probar (ue) *to taste, try (food, etc.)*
probarse (ue) *to try on (clothes)*
prometer *to promise*
pronto *soon, quickly*
propio *own*
propina (f) *tip (to waiter, etc.)*
puerto (m) *port, harbour*
puesto (m) *market-stall, post, job*
pulsera (f) *bracelet*

quedar (se) *to stay, remain*
quejarse *to complain*
quinielas (f. pl.) *football pools*
quitar (se) *to remove, take off*
quizás *perhaps*

ración (f) *portion*
razón: tener . . . *to be right*
realidad: en . . . *in fact*
recado (m) *errand, message*
receta (f) *recipe, prescription*
reconocer *to recognise*
recuerdo (m) *memory, souvenir*
refresco (m) *refreshment*
regalar *to give, make a gift*
regalo (m) *gift, present*
regresar *to return*
reina (f) *queen*
relucir *to glitter, shine*
rellenar *to fill in (documents)*
repentinamente *suddenly*
resfriado (m) *cold*
respuesta (f) *answer, reply*
retraso (m) *delay*
rey (m) *king*
rincón (m) *corner (interior)*
risa (f) *laughter*
rizado *curly (hair)*

robar *to steal, rob*
rótulo (m) *sign, symbol*
rubio *fair, blonde*
ruta (f) *route*

sabor (m) *taste*
sal (f) *salt*
salida (f) *exit, departure*
salsa (f) *sauce*
seda (f) *silk*
según *according to*
seguro: estar . . . *to be sure*
semáforo (m) *traffic lights*
sencillo *simple*
sierra (f) *mountain range*
significar *to mean*
siguiente *following*
silbar *to whistle*
sino *but (after negative)*
sitio (m) *place, room*
sobrar *to have more than enough*
soler (ue) *to be used to doing*
sonar (ue) *to sound*
soñar (ue) *to dream*
sucio *dirty*
sudeste *southeast*
Suecia (f) *Sweden*
Suiza (f) *Switzerland*
suroeste *southwest*

talla (f) *size*
tampoco *either, neither*
tanto *so, so much*
taquilla (f) *ticket-office*
tardar *to take time in doing*
tarjeta (f) *card*
taza (f) *cup*
tela (f) *fabric, cloth*
tema (m) *theme, subject*
tendero (m) *shopkeeper*
tenedor (m) *fork*
tergal (m) *terylene*
ternera (f) *veal*
timbre (m) *bell*
tintorería (f) *dry-cleaner's*
titular *to be titled*

título (m) *title*
toalla (f) *towel*
tocar *to play (instrument), win (lottery, etc.)*
todavía *yet, still*
tonelada (f) *ton*
torcer (ue) *to turn, twist*
tostar (ue) *to toast*
tranvía (m) *tram, type of train*
tratar *to try*
trimestre (m) *term*
trozo (m) *piece*
trucha (f) *trout*
tumba (f) *tomb, grave*
tumbarse *to lie down, fall down*
turrón (m) *nougat*
tutearse *to talk in the 'tú' form*
tuyo *your (pronoun)*

unido *united*
usar *to use*
útil *useful*
utilizar *to use*

valer *to cost, be worth*
variados *mixed*
varios *several*
vecino (m) *neighbour*
vendedor (m) *salesman*
venta (f) *sale*
verano (m) *summer*
vez (f) *time, occasion*
vez: de . . . en cuando *from time to time*
vía (f) *track (railway)*
viajar *to travel*
viaje (m) *journey*
viajero (m) *traveller*
vista (f) *view*
volver (ue) *to return*
vuelo (m) *flight (plane)*
vuelta (f) *change (money)*
vuelta: billete de ida y . . . *return ticket*
vuelta: dar una . . . *to take a walk*

wáter (m) *toilet, lavatory*

zumo (m) *juice*

Primera Lección

En el aeropuerto

1 Líneas Aéreas Iberia anuncia la salida de su vuelo número 121, destino Sevilla. Señores pasajeros, a la puerta 12, por favor.
2 El vuelo Iberia número 172 para Buenos Aires va a salir dentro de breves momentos. Todos los señores pasajeros a la puerta 18, por favor.
3 British Air anuncia la llegada de su vuelo, número 85, procedente de París. El retraso en este vuelo es debido al mal tiempo que hace ahora en la capital francesa.
4 El señor Martín García, pasajero en el vuelo de Iberia número 145 con destino a Caracas, al Control de Pasaportes, por favor.
5 La señorita Julia Martínez, representante de la compañía Sol y Mar, a la puerta 15 en seguida, por favor.

¡Hola!

1

Juan: – ¡Hola, Paquita! Hace mucho tiempo que no te veo por el pueblo. ¿Dónde has estado?
Paquita: – He estado de vacaciones.
Juan: – Ah, sí. ¿Adónde fuiste?
Paquita: – Fui a Inglaterra con mis padres.
Juan: – ¿Cómo fuiste? ¿En autocar o en coche?
Paquita: – Fuimos en avión.
Juan: – ¡Qué bien! Yo nunca he viajado en avión. ¿Qué tal fue el viaje?
Paquita: – Fatal. Tuvimos que esperar más de dos horas en el aeropuerto porque había no sé qué problema con el avión, y luego, cuando llegamos a Londres estaba lloviendo a cántaros y no pudimos encontrar un taxi por ningún lado.
Juan: – ¡Qué lata! Pero, lo pasaste bien en Inglaterra, ¿verdad?
Paquita: – Francamente no. Hizo mal tiempo casi todos los días. Fuimos a Escocia, a Edimburgo y también a York, pero no vimos casi nada porque llovió mucho y no pudimos bajar del autocar. Estoy muy contenta de estar de vuelta a España donde, por lo menos, hace buen tiempo.

2

María: – ¿Adónde fuiste de vacaciones, Pedro?
Pedro: – Fui a Valencia y nos ocurrió algo muy raro en el viaje, ¿sabes?
María: – ¿Qué te ocurrió?
Pedro: – Vimos un OVNI.
María: – ¿Un OVNI? ¿Qué es eso?
Pedro: – Un OVNI es un objeto volante no identificado. Hay muchos en el cielo de Valencia.
María: – ¡No me digas! Me estás tomando el pelo, ¿verdad? ¿Qué viste exactamente?

Pedro: – Pues, escucha: el avión salió de Valencia a las nueve de la noche y sobre las diez y cuarto, vimos una luz muy fuerte en el cielo.
María: – Eso se llama el sol, tonto.
Pedro: – ¡A las diez y cuarto de la noche! Y también era una luz verde que se acercó al avión y nos siguió por más de cinco minutos. Todo el mundo en el avión la vio. Todos teníamos mucho miedo. Pero, luego, la luz desapareció hacia el este.
María: – A otro perro con ese hueso, Pedro. Los OVNIS no existen. Son como los fantasmas, ¿sabes?
Pedro: – Pues, ya te digo, María, . . .

Segunda Lección

Problemas en el camping

1

Hombre (gritando): – ¡Oiga! ¿Quiere bajar la radio? Hay gente aquí que quiere dormir.

2

Señorita: – ¡Oiga, señor!
Guardián: – ¿Qué ocurre, señorita?
Señorita: – No hay agua caliente en las duchas. Fui a ducharme, pero el agua está fría.
Guardián: – Lo siento, señorita, pero sólo hay agua caliente por la mañana y, cuando se acaba, no hay más hasta la mañana siguiente.

3

Campista (hombre): – Perdón, señora. Acabo de llegar al camping y no tengo gas butano. ¿Venden gas aquí?
Campista (mujer): – Sí; señor, creo que lo venden en la tienda. Está ahí, al otro lado de aquellos árboles.
Campista (hombre): – Gracias, señora.

4

Mujer: – ¿Quiere darme dos barras grandes, por favor?
Chica: – Lo siento, señora, pero no me queda pan. Van a traer más sobre las tres de la tarde.
Mujer: – ¿Qué hago entonces? No podemos comer sin pan.
Chica: – Hay una panadería en el pueblo, señora. Está a dos kilómetros; sólo diez minutos en el coche.

5

Hombre: – ¿Puedo mover mi tienda y armarla bajo esos árboles? Hace tanto calor por las tardes que mi señora se pone mala.
Guardián: – Claro que sí, señor.

6

Señora: – ¡Oiga, señor guardián! Mi hijo acaba de volver de la playa y, con este calor que hace, se siente muy enfermo. ¿Qué puedo hacer?
Guardián: – No se preocupe, señora. Voy al llamar al médico del pueblo y vendrá en seguida.

Tercera Lección

En la tienda de comestibles

Tendero: – Buenos días, señora. ¿Qué quiere usted hoy?

Señora: – No quiero nada, don Alonso. Vengo a traerle esta lata vacía.

Tendero: – Pero, ¿por qué me trae una lata de cerveza vacía, señora?

Señora: – Porque compré ésta y otras tres latas de cerveza aquí ayer. ¿No se acuerda usted?

Tendero: – Sí, me acuerdo perfectamente, señora. Pero no comprendo todavía porque viene usted a enseñarme una lata vacía.

Señora: – Porque cuando abrí esta lata descubrí que estaba llena de agua y no de cerveza.

Tendero: – ¡No me diga! ¿Agua? Pues no lo comprendo, señora. Esa cerveza es de una compañía de categoría.

Señora: – ¿No me cree usted?

Tendero: – Claro que la creo, señora. Pero no sé lo que puedo hacer. ¿Qué había en las otras tres latas?

Señora: – Agua. Las cogí de ahí. Vamos a abrir otra delante de usted para que vea que lo que digo es la verdad.

Tendero: – Muy bien. Vamos a ver. ¿Las cogió de aquí, dice?

En la relojería

Relojero: – Buenos días, señorita. ¿En qué puedo servirla?

Señorita: – Mire usted; compré este reloj aquí la semana pasada, pero no anda muy bien. Y es un reloj bastante caro; me costó treinta mil pesetas.

Relojero: – ¿De veras? ¿Qué le pasa al reloj?

Señorita: – Pues pierde unos veinte minutos por día.

Relojero: – Vamos a ver. ¿Puede usted dejármelo? Lo voy a ajustar para que ande bien. Vuelva usted dentro de tres días, y el reloj estará listo.

Señorita: – Gracias. Adiós.

Relojero: – Adiós, señorita.

Recetas por radio: la receta del día

Mujer: – Buenos días, señoras y señores. Hoy vamos a hacer sopa de arroz con verduras. Primero la lista de ingredientes. ¿Preparados?

Arroz	Ciento cincuenta gramos
Coliflor	Doscientos gramos
Guisantes	Doscientos gramos
Judías verdes	Ciento cincuenta gramos
Jamón	Cincuenta gramos
Mantequilla	Veinticinco gramos
Cebolla	Cien gramos
Sal	Al gusto

Y ahora el modo de hacer la sopa . . .

Cuarta Lección

Nada más que problemas

1

Mujer: – ¡Oiga, señor! He perdido a mi hijo aquí en la playa.

Guardia: – ¿Cómo es su hijo, señora?

Mujer: – Tiene cuatro años, es bastante pequeño y lleva una camisa azul y un pantalón corto blanco.

Guardia: – Vamos a la guardería. A lo mejor le tienen ahí.

2

Chico: – ¡Oiga, señor! Creo que dejé unas gafas de sol en esta mesa. ¿Las ha visto usted?

Camarero: – Sí, señor. Las vi en la mesa cuando se marchó usted. Aquí las tiene.

Chico: – Muchas gracias.

3

Mujer: – ¿Me quiere llevar a la comisaría del barrio, señor? Me acaban de robar una cartera llena de documentos muy importantes aquí en la Gran Vía.

Taxista: – Claro que sí, señora. Suba usted. Vamos de prisa, ¿no?

4

Mujer: – ¡Señor guardia! Me tiene que ayudar. He perdido mi gato aquí en el parque.

Guardia: – ¿Qué? ¿Ha perdido un gato? Y a mí, ¿qué me cuenta? Yo no estoy aquí para buscar gatos perdidos, señora.

5

Chica: – ¿Ha visto un bolso negro por aquí, señor? Creo que lo dejé en aquella mesa.

Camarero: – Lo siento, señorita, pero no he visto ningún bolso. Vamos a preguntar a los otros camareros. Quizás lo hayan cogido.

Quinta Lección

¿Verdad o mentira?

1 Las líneas aéreas de España se llaman la RENFE.
2 La Guardia Civil lleva un sombrero de tres picos que se llama tricornio.
3 En las farmacias de España se vende de todo: medicina, maquillaje y perfume.
4 No hay muchos campings en España.
5 Los españoles suelen comer más pan con la comida que los ingleses.
6 La región que antiguamente se llamaba Castilla la Nueva ahora se llama Castilla-La Mancha.
7 Llueve mucho en el sur de España en el verano.
8 Juan Carlos es el rey actual de España.
9 La Guerra Civil Española empezó en el año mil novecientos treinta y seis.
10 El flamenco es un plato típico del sur de España.

¿Qué pasa?

1

. . . Va a hacer muy buen tiempo mañana en toda la Península

Ibérica, sobre todo en las zonas de Levante y del sur. Temperaturas altas en Castilla-La Mancha y en Andalucía con cielo despejado . . .

2

. . . tres bomberos sufrieron heridas graves hoy cuando trataron de apagar un incendio en la Farmacia Montesol en la Calle de Carmen. Fueron . . .

3

. . . y ahora, señora Iglesias, una pregunta para usted que vale tres puntos.
¿Cuál es la diferencia entre un gato siamés y . . .

4

. . . y este disco es para Carmen García y viene de parte de su novio, Juan, que dice que la quiere mucho . . .

5

. . . Primera División: Atlético de Madrid 0, Real Sociedad 3; Sevilla 2, Valencia 1; Murcia 5, Valladolid . . .

¡Oiga!

– ¿Dígame?
– Oye. ¿Eres tú, Pilar?
– No. Pilar no está en este momento.
– Entonces, ¿quién eres tú?
– Soy Juana, la amiga inglesa de Pilar. Estoy pasando unos días en su casa.
– Bueno. ¿Puedo dejar un recado para Pilar?
– Claro que sí. Un momento, por favor. Voy a coger un lápiz. Bien. ¿Qué quieres que le diga?
– Pues dile que no puedo ir a la discoteca con ella el sábado que viene. Mi padre se ha enfadado mucho conmigo porque saqué notas muy malas en los exámenes del colegio. Voy a tener que quedarme en casa. Pero dile que el domingo la voy a ver. Iré a su casa sobre las diez de la mañana. ¿De acuerdo?
– Sí, lo tengo todo apuntado y se lo diré en cuanto vuelva.

Sexta Lección

Pequeñas dificultades en el banco

1

Señorita: – Buenos días. ¿Puedo cambiar cheques de viaje aquí?
Empleado: – Lo siento, señorita, pero en este banco no cambiamos cheques de viaje.
Señorita: – ¿Entonces qué puedo hacer? Sólo tengo cheques de viaje y estoy sin dinero.
Empleado: – Vaya usted al Banco de Santander. Ahí sí que cambian cheques de viaje.
Señorita: – Y, ¿dónde está ese banco?
Empleado: – Está en esta misma calle, a unos doscientos metros más abajo y a mano derecha.
Señorita: – Muchas gracias.
Empleado: – De nada, señorita.

2

Señor: – Quisiera cambiar unos cheques de viaje, por favor.
Empleada: – Muy bien, señor. ¿Qué son? ¿Libras?
Señor: – No. Son dólares norteamericanos.

Empleada: – Y, ¿cuántos dólares quería cambiar?
Señor: – Doscientos.
Empleada: – Muy bien. ¿Me deja su pasaporte?
Señor: – ¿Pasaporte? Pues no tengo mi pasaporte. Está en el hotel.
Empleada: – Pues, lo siento, señor, pero sin el pasaporte no puede usted cambiar cheques de viaje. Es la ley, ¿sabe?
Señor: – ¿Entonces qué hago?
Empleada: – Lo mejor que puede hacer es volver al hotel y recoger el pasaporte. Entonces podrá cambiar sus cheques.
Señor: – ¿A qué hora cierran ustedes aquí?
Empleada: – Hoy a la una y media, señor.
Señor: – Muy bien. Cojo un taxi y vuelvo en seguida.
Empleada: – Muy bien, señor. Hasta pronto.
Señor: – Adiós.

Al teléfono

1

Recepcionista: – Hotel Alfonso VIII. ¿Dígame?
Cliente: – Oiga, quisiera reservar una habitación individual para la noche del siete de octubre. ¿Tiene una habitación libre?
Recepcionista: – Un momento, por favor. Sí, quedan habitaciones libres para esa fecha. ¿A nombre de quién, por favor?
Cliente: – Soy el señor Rafael Padura. ¿Hasta qué hora queda reservada la habitación?
Recepcionista: – Hasta las ocho de la tarde, señor Padura.
Cliente: – Gracias. Adiós.

2

Chica: – Dígame.
Chico: – Oye, Marisol. Soy yo, Juan. ¿Sabes hacer los deberes de matemáticas?
Chica: – Claro. La señorita Quintana nos lo explicó muy bien. ¿No los sabes hacer?
Chico: – Pues, llevo más de dos horas tratando de comprender los problemas y, hasta ahora, no he podido hacer ninguno.
Chica: – ¡Qué tonto eres, Juan! Mira, ven a mi casa y yo te ayudaré a hacerlos.
Chico: – Muchísimas gracias, Marisol. Voy en seguida. Hasta pronto.
Chica: – Adiós Juan.

3

Mujer: – Dígame.
Hombre: – ¿Está el señor Luis García?
Mujer: – ¿De parte de quién?
Hombre: – Soy el señor José Moreno.
Mujer: – Un momento, por favor, señor Moreno. (pausa) Lo siento, pero el señor García no está en este momento. ¿Quiere dejar algún recado?
Hombre: – Sí. ¿Quiere decirle al señor García que tengo los documentos que necesita para la reunión mañana, y que los voy a dejar en su casa esta tarde?
Mujer: – Muy bien, señor Moreno. Se lo diré en cuanto vuelva.

153

Séptima Lección

En la consulta del médico

1

Médico: – Buenas tardes, señora. ¿Qué le pasa?
Señora: – Me duele mucho la garganta, doctor.
Médico: – Vamos a ver. ¿Quiere abrir la boca? Sí, está muy inflamada. ¿En qué trabaja usted, señora?
Señora: – Soy maestra de escuela. Trabajo en la escuela primaria del pueblo.
Médico: – Y en su trabajo, ¿grita usted a los niños de vez en cuando?
Señora: – Claro que sí. A veces son muy traviesos.
Médico: – Y, ¿fuma usted?
Señora: – Sí, fumo.
Médico: – ¿Cuántos cigarrillos por día?
Señora: – Pues dos paquetes más o menos.
Médico: – ¡Dos paquetes! ¡Son cuarenta cigarrillos por día!
Señora: – Sí, ya lo sé, doctor.
Médico: – Pues, mire usted, señora, deje de fumar y deje también de gritar a los niños.
Señora: – ¿No puede usted darme nada para la garganta?
Médico: – Vaya usted a la farmacia y compre 'Vicks Fórmula cuarenta y cuatro'. Es muy bueno.

2

Médico: – Pase, señor. Siéntese. ¿Qué le ocurre?
Señor: – Me duele mucho la pierna, doctor.
Médico: – ¿Cuál?
Señor: – Esta. La pierna izquierda.
Médico: – Y, ¿qué ha hecho usted con la pierna?
Señor: – Pues en casa quería coger una maleta de encima de un armario; me subí en una silla y, al tratar de coger la maleta, perdí el equilibrio y me caí.
Médico: – Y, ¿cuándo pasó todo esto?
Señor: – Esta misma tarde. Hace media hora o así.
Médico: – Pues le voy a mandar a un colega mío que trabaja en el hospital y él le hará una radiografía de la pierna. Coja usted un taxi y vaya en seguida al hospital. Dé esta nota al Doctor Alonso García.

3

Médico: – Buenas tardes. ¿Qué te ocurre?
Chica: – Tengo un dolor de cabeza que me mata, doctor.
Médico: – No exageres, hija mía. ¿Desde cuándo tienes ese dolor de cabeza?
Chica: – Desde la semana pasada, doctor. Es muy fuerte. No me deja dormir.
Médico: – Y, ¿tienes el dolor todo el tiempo?
Chica: – No; suele empezar por la tarde. Yo creo que es por los muchos deberes que nos ponen en el Instituto.
Médico: – Oye, hija mía, que el médico aquí soy yo. ¿Qué sueles hacer después de terminar los deberes?
Chica: – Escucho mis discos.
Médico: – ¿Música 'pop'?
Chica: – ¡Hombre, claro!
Médico: – Y, pones la música muy alta, ¿verdad?
Chica: – Pues, claro. La música no vale nada si no es muy alta.
Médico: – Y entonces tienes dolor de cabeza. Escucha; pon la música más bajo y no tendrás dolor de cabeza. Lleva esta receta a la farmacia y te darán unas pastillas para el dolor de cabeza, pero, 'con la música a otra parte', ¿eh?
Chica: – Vale, doctor.

Octava Lección

¡Qué restaurante!

1

Cliente: – ¡Oiga, camarero! Llevo más de quince minutos esperando y usted no me ha traído el menú todavía.
Camarero: – Perdone, señora. Es que hay muchos clientes a esta hora. Aquí tiene usted.

2

Cliente: – ¡Camarero! ¿Quiere venir un momento? ¿No le parece que este cuchillo está muy sucio?
Camarero: – Sí; tiene usted razón, señorita. Se lo voy a cambiar en seguida.

3

Cliente: – Pero, ¿qué es esto? Yo le pedí paella y usted me ha traído sopa de fideos.
Camarero: – ¿De veras? Ah, sí. La sopa de fideos es para el señor de aquella mesa. Perdóneme, señorita. Le traigo la paella en seguida.

4

Cliente: – ¡Qué horror! ¡Esta sopa está fría!
Camarero: – Pues, claro que está fría, señora. Es gazpacho andaluz, y el gazpacho es una sopa que se come fría. ¿No lo sabía usted?

5

Cliente: – ¡Camarero! En esta cuenta hay un error. Yo no tomé ni café ni coñac y usted me ha cobrado veinte duros de más.
Camarero: – A ver. ¡Cuánto lo siento, señorita! Pero la culpa no es mía. Es la chica de la caja la que prepara las cuentas. Se lo voy a decir en seguida.

De compras

1 En la calle

Chica: – ¡Hola, Roberto! ¡Qué haces tú por aquí?
Chico: – ¡Hola, Marisol! He estado de compras en aquellos almacenes.
Chica: – ¡Qué bien! ¿Qué has comprado?
Chico: – He comprado una pulsera para mi madre y una pipa para mi padre.
Chica: – A ver la pulsera. Ah, sí, es muy bonita. ¿Cuánto te ha costado?
Chico: – No mucho. Sólo tres mil pesetas. ¿Te gusta?
Chica: – Sí, me encanta. ¿Es de oro?
Chico: – No. Es de plata.
Chica: – Pero, ¿por qué has comprado una pipa para tu padre?
Chico: – ¡Hombre! Porque le gusta fumar en pipa. Tiene toda una colección de pipas en casa.
Chica: – Sí, pero el fumar es muy peligroso para la salud. ¿No lo sabías?
Chico: – Sí, claro que lo sabía, pero mi padre lleva más de veinte años fumando en pipa y no va a dejar de fumar porque se lo diga yo.

2 En la cafetería

Chico: – ¡Hola, Juana! Llegas tarde como siempre. ¿Dónde has estado?

Chica: – He estado de compras con mi amiga inglesa. Mañana vuelve a Inglaterra y quería comprar unos regalos para su familia.
Chico: – Y, ¿has encontrado cosas bonitas?
Chica: – Sí. Patricia, mi amiga inglesa, ha comprado una blusa muy bonita para su hermana y un suéter muy original para su hermano. Y acabamos de encontrar un cuadro de la Plaza Mayor para sus padres que es una monada.
Chico: – Y, ¿cuánto ha gastado tu amiga en todo eso?
Chica: – No mucho. La blusa le ha costado ocho mil pesetas, el suéter cinco mil quinientas y el cuadro unos tres mil.
Chico: – Muy bien. ¿Qué quieres tomar? ¿Un café con leche?
Chica: – Sí, un café con leche y una ración de churros. Tengo hambre.

Novena Lección

En busca de trabajo

1

Director: – Pase, señorita, pase. Siéntese. Así que usted quiere ser recepcionista en este hotel.
Señorita: – Eso es, señor director.
Director: – Y veo en esta carta que me ha mandado el director del Hotel Alfonso VIII que usted lleva cuatro años allí trabajando de camarera en el comedor.
Señorita: – Eso es, pero ahora quiero cambiar un poco de carrera y hacerme recepcionista.
Director: – Pero, ¿usted comprende algo del trabajo de una recepcionista?
Señorita: – Sí, señor director, creo que sí. Ya lo he hecho varias veces en el Hotel Alfonso VIII cuando la recepcionista estaba enferma.
Director: – Pero, ¿sabe usted que hay muchos turistas ingleses en este hotel y que la recepcionista debe saber hablar inglés? ¿Habla usted inglés?
Señorita: – Sí, llevo más de tres años aprendiendo el inglés.
Director: – Muy bien. Pues no le importa si hacemos un pequeño 'test' ¿verdad?
Señorita: – Claro que no, señor director.
Director: – Vamos a ver. Un turista inglés le dice: 'At what time does the dining-room open?' ¿Qué le contesta usted?
Señorita: – Pues en este hotel, le digo que está ahí a la izquierda o, en inglés, 'It's over there on the left'.
Director: – No, señorita. Yo le pregunté a qué hora estaba abierto el comedor, no dónde estaba. Lo siento, señorita, pero no puedo darle la plaza. Vuelva usted dentro de unos seis meses o así cuando sepa hablar el inglés bien. ¿De acuerdo?
Señorita: – Muy bien, señor director.

2

Jefe de cocina: – Pues el director de su Instituto me dice que es usted un chico muy formal y muy trabajador a quien no le importa tener que trabajar horas bastante largas. ¿Es verdad todo esto?
Chico: – Sí, creo que sí, don Alonso. Siempre me ha gustado hacer la cocina en casa y mi madre dice que cocino muy bien.

Jefe de cocina: – Y ahora usted quiere aprender a ser cocinero, ¿verdad?
Chico: – Eso es.
Jefe de cocina: – Y, ¿ha hecho algún curso en el Instituto o en otro sitio?
Chico: – Pues no, don Alonso, porque no había. Todo lo que sé de hacer la cocina lo he aprendido en casa de mi madre.
Jefe de cocina: – Yo hice lo mismo, Juan, y es la mejor manera de aprender a cocinar. Le voy a dar la plaza, y puede usted empezar mañana mismo, si quiere.
Chico: – Muchísimas gracias, don Alonso.

3

Jefe de personal: – Vamos a ver los resultados de esta pequeña prueba. Usted me ha dicho que sabe escribir bien a máquina, ¿verdad?
Chica: – Pues creo que sí. He hecho un curso en el Instituto y otro en una clase de adultos.
Jefe de personal: – Pues aquí veo tres, cuatro . . . no, cinco faltas en el primer párrafo de esta carta que escribió usted al dictado antes de pasarla a máquina. Esta es una empresa importante, ¿sabe?, y la reputación de la empresa depende hasta cierto punto de las cartas que reciben nuestros clientes. Por eso la que trabaje aquí de secretaria tiene que saber escribir muy bien a máquina. Lo siento, señorita, pero no voy a poder darle la plaza.
Chica: – Muy bien, señor.

4

Dueño: – Así que usted quiere ser dependienta en mi tienda de modas, ¿verdad?
Chica: – Eso es, señor Planes.
Dueño: – Pero, ¿por qué le interesa tanto este tipo de trabajo?
Chica: – Pues me encanta la moda y también me gusta mucho tratar a la gente.
Dueño: – Muy bien, pero también hay que saber bastante de telas y de tallas y es preciso ser siempre muy cortés con la gente. ¿Qué sabe usted de telas? Por ejemplo, ¿de qué es esta blusa?
Chica: – Pues yo diría que es de algodón, señor Planes.
Dueño: – Y tendría usted razón. Y, mire aquella señora al otro lado de la calle. ¿Qué talla de vestido gasta?
Chica: – Pues, es bastante delgada. Yo diría que debe llevar una talla treinta y ocho.
Dueño: – Y yo diría lo mismo. ¡Ah! Una cosa más. Aquí entran muchas turistas inglesas y los tamaños de ropa son distintos en Inglaterra. ¿Si entra una señora inglesa que dice que en Inglaterra lleva una talla catorce, qué talla le hace falta aquí?
Chica: – Pues eso es un poco más difícil. ¿Un cuarenta y dos?
Dueño: – Precisamente. Muy bien. Le voy a dar la plaza. ¿Cuándo puede empezar?
Chica: – ¿El lunes que viene?
Dueño: – De acuerdo. Hasta el lunes que viene a las ocho, entonces. Adiós.
Chica: – Adiós, señor Planes, y muchas gracias.

Décima Lección

¡Qué restaurante!

1

Cliente:	– ¡Oiga, camarero! ¿Quiere venir un momento?
Camarero:	– Señorita.
Cliente:	– Esta sopa no la puedo comer.
Camarero:	– ¿Por qué no, señorita? ¿Está fría?
Cliente:	– No, no está fría, pero no la puedo comer.
Camarero:	– Pero, ¿por qué no la puede comer, señorita?
Cliente:	– Porque no me ha traído usted una cuchara.

2

Cliente:	– ¡Oiga, señorita! ¡No hay derecho a hacer esto!
Camarera:	– ¿Qué ocurre, señor?
Cliente:	– ¡Mire usted! ¡Hay una mosca en esta tortilla!
Camarera:	– A ver. Sí, tiene usted razón, señor. Pero no se preocupe. La mosca está muerta y, al fin y al cabo, es carne.

3

Cliente:	– ¡Oiga, camarero!
Camarero:	– ¿Qué pasa, señora? ¿No le ha gustado la comida?
Cliente:	– Claro que no me ha gustado, porque usted no me la ha traído. Llevo más de veinte minutos esperando. ¿No se acuerda usted? Pedí una ensalada mixta, chuletas de cerdo con patatas y una cerveza.
Camarero:	– Perdone, señora. Se la traigo en seguida.

4

Cliente:	– ¡Camarero! Me parece que hay un error en esta cuenta.
Camarero:	– A ver señorita. Yo no veo ningún error.
Cliente:	– Sí, mire. La sopa, ciento cincuenta, el pollo, doscientas cincuenta y el flan, ochenta; son cuatrocientas ochenta pesetas pero usted ha puesto aquí quinientas diez pesetas.
Camarero:	– Perdone, señorita. Fue sin querer.

¿Qué harías tú?

Marta:	– Oye, Juan. ¿Qué harías tú si te tocara la lotería?
Juan:	– Todo depende. ¿Cuánto dinero voy a ganar?
Marta:	– Vamos a ver. ¿Qué harías si ganaras veinte millones de pesetas?
Juan:	– Pues, con veinte millones de pesetas, primero dejaría el trabajo que no me gusta nada y es muy aburrido. Luego, creo que me compraría un coche; uno de esos coches grandes que tienen los toreros famosos y viajaría por todo el país. ¿Sabes que nunca he estado ni en Andalucía ni en Galicia?
Marta:	– ¿Y después? No te puedes pasar el resto de tu vida viajando por España. ¿Qué otras cosas harías?
Juan:	– Pues, me parece que me buscaría un piso muy bonito en el centro de la ciudad donde viviría la vida de un autentico 'gentleman' inglés.
Marta:	– Y a mí, ¿qué me darías?
Juan:	– A ti, maja, te daría un besito por ser tan guapa.
Marta:	– ¡Qué amable! Y, ¡qué generoso! Quédate con tus besitos, que yo no los quiero.